回佛對談紀實

聆聽
Listening

釋了意◎主編

一個致力於世界和平的佛教團體
歷時兩年
跨越三大洲
與伊斯蘭世界熱忱對話

一個改變台灣的宗教文化
甚至整體文化視域的契機

南華大學宗教學研究所所長　蔡源林

　　個人在南華宗教研所從事宗教學及伊斯蘭教的教學與研究工作多年，由於所面對的研究生以佛教信仰背景者佔多數，其他台灣本土信仰者亦不少，深深覺得向他們講述一個全然陌生、甚至有時還存留著負面形象的宗教，乃是充滿挑戰性的工作。某些有強烈信仰背景的同學，免不了以自己的信仰為判準，質疑伊斯蘭教的某些他們不太贊同的義理與行為規範；另有些同學則會問道，為什麼要去研究其他宗教呢？反正只要把自己的宗教信仰弄清楚就好了。似乎在臺灣的年輕人心目中，甚至是選擇宗教研究為專業者，對開拓本身的宗教世界觀，從事跨宗教、跨文化的探索亦缺乏足夠的動機。

　　在研讀了世界宗教博物館出版的這本回佛對談的專書之後，深深覺得本書所闡述的宗教對談理念，正提供了一個改變台灣的宗教文化、甚至整體文化視域的契機。在911事件之後，由於所謂「宗教衝突」及「伊斯蘭恐怖主義」的問題引起台灣社會大眾及知識份子的關切。過去被漠視的伊斯蘭教突然成為焦點話題，個人也因此有很多機會受邀到各大學、學術機構，甚至一般通俗性的社區講座去講述伊斯蘭教的各種課題，然發覺對伊斯蘭教的缺乏認識與偏見，是如此普遍存在於社會各階層。

　　台灣多數民眾之宗教世界觀的偏狹，與在其他文化層面的視野之窄化，可說來自相同的根源。台灣做為一個後威權、後殖民的社會，人民習於單一認同、單一思惟模式，對多元價值觀的不易接納，均反映在個人對宗教信仰（或無神信仰）的唯我獨尊、欠缺包容之態度。基於這樣的一個前提，對心道法師以一位佛教修行者的立場，卻能主動發起在台灣宗教界應屬史無前例的回佛對談，誠為難能可貴之舉。甚且其對談的深度及廣度，以個人在國內所參與過

的一些宗教對談相比較，也是較罕見的。就個人經驗所及部份宗教
對談或者是流於形式，出現各個宗教各說各話、沒有共同焦點，對
其他宗教採相應不理的態度；或者是只求去異存同，在某些至高倫
理準則上，如愛、和平、非暴力、靈性等，高談闊論，卻刻意迴避
宗教差異的問題，以創造宗教和諧的表象。本書所呈現的幾場回佛
對談，則極具創見及建設性，以下歸納三項值得吾人省思的慧見：

回佛對談的時代意義

一、各宗教與談者的自我批判：

　　信仰者以護教立場來顯揚本教之長、批判他教之短為宗教對談
常有的現象。但本書所記錄的數場對談，代表各宗教的與談者，均
進行深刻的自我反省及自我批判，如馬來西亞的伊斯蘭學者千卓拉
（Chandra Muzaffar）坦言阿富汗塔利班政權摧毀巴米揚大佛乃是
極端主義的作為，嚴重違反伊斯蘭教義；德國基督教學者史密德
（Wofgang R. Schmidt）直陳布希政府的侵略行為源自基督教正義
之戰的意識型態，並呼籲基督徒為此一教義對世人所造成的痛苦加
以反省；泰國佛教學者蘇拉克（Sulak Sivaraksa）則不諱言佛教
雖然在個人修行上深具洞見，但對現代資本主義及西方科技的崇拜
等現代化問題，卻是束手無策；佛教提倡非暴力，但面對充斥暴力
的世界，卻提不出任何具體解決方案，故佛教在這些議題上應和其
他宗教相互學習。整體而言，參與對談的各教代表均揚棄本位主
義，以謙遜的態度、開放的心胸來從對談中學習接納他者，這是此
系列對談的主要特色。

二、建構具有共識的對談倫理：

　　本系列對談足堪典範者，不只在於伊斯蘭教與佛教這東方兩大
宗教的遭逢所激盪出來的智慧火花，更在於來自東西方的各教代表
所達成的基本共識，也就是宗教對談所應具備的倫理準則，包括做
好「聆聽者」而非佈道者的角色；揚棄過度的「認同」，彰顯並尊

重雙方的「差異」；以瞭解及欣賞的態度來看待「他者」。這種對談倫理不只適用於宗教對談，其實更應該推廣成為一種現代公民的基本文化素養，以建立多元包容的社會。各教的與談代表，對當代世界充滿族群衝突、政治對立的危機，均深表憂慮，並呼籲宗教人以責無旁貸的使命感，將對談倫理推展到全球各個角落，以建立和諧包容的地球家。這個理念對當前處於大選過後的政治紛擾、族群與國家認同之對立的台灣社會，應可提供全民一個反省新向度，亦值得國內的宗教界來推展類似的對談倫理。

三、提出具體可行的實踐方案：

　　許多與談者均能正視全球化的脈絡，針對實質問題提出極具創意的行動方案，避免了宗教對談常出現的空談崇高理想、卻缺乏具體可行方法的窘境。宗教人應從傳統上只講求個人靈修、迴避社會問題的保守作風中掙脫出來，積極將宗教慈悲奉獻的精神化為行動力以改革社會。

　　有些與談學者提到當代媒體受到消費市場導向的影響，充斥著暴力、激情與引發貪念的訊息，又對宗教做了許多負面與歪曲的呈現，且將國際上的政治衝突簡化為「宗教衝突」使原本可以促進和諧社會、安定心靈功能的宗教反而被世俗之人視為動亂的來源，故宗教人應有自己的跨國媒體網絡，例如建立佛教或伊斯蘭教的CNN，以平衡西方世俗化媒體的過度影響；其他具體方案有：建立跨宗教的國際聯盟，對違反普世倫理原則的政權施加壓力，使統治者的行為能得到實質的監督；成立世界宗教大學，以培養具宗教情操的年輕知識份子，推展全球性的和平教育等等。

　　上述各項方案其實都是針對全球化的趨勢，為矯正西方世俗主義對第三世界所帶來的負面效果，所提出的可行方案。目前世界各大宗教都有其因應全球化趨勢的策略，國內宗教團體亦可透過國際合作，結合全球宗教界人士來推動許多具有普世價值的理念，而非

僅停留於從事國際賑災工作而已。除了以上所歸納的三點之外，這場回佛對談從後「911事件」的脈絡來看，更具有重大的時代意義「911事件」以後迄今的國際局勢演變，西方世界與伊斯蘭世界的衝突可說愈演愈烈。個人並不贊同以「宗教衝突」或「文明衝突」來稱之，這些衝突背後的核心點其實是美國與伊斯蘭國家在中東地區的軍事、政治與經濟利益的矛盾糾葛。換言之，正是過度的世俗主義及功利計較才是問題的癥結所在，如果缺乏宗教的超越心態來面對這些難題，事情恐怕難有轉圜餘地。

過去許多國際性的宗教對談都由西方基督宗教團體所發動，如今西方國家已置身衝突的一方，故許多牽涉到東西方兩造的宗教對談雖標舉崇高理想，但經常流於形式性的空談，無法解決實質問題，甚至以相互批判收場，其根本原因在於西方霸權國家維持其政治與經濟利益的作為已無法取得第三世界弱勢國家的信任。在當前西方及伊斯蘭世界相互對峙的嚴峻情勢之下，東亞世界似可扮演緩衝角色，而佛教又是東亞世界的主要宗教傳統，故佛教在東西方宗教傳統借由對談以消弭紛爭、回歸永恆和平的努力上自然不能缺席；東亞文明的古老智慧傳統實應在全球的宗教對談舞台上扮演更積極的角色。

這場回佛對談，對東方兩大宗教的相似與差異之處亦得出頗具意義的初步結論，值得向讀者引介。佛教與伊斯蘭教的共通倫理原則大致上有：破除階級與族群之藩籬，強調人人平等；提倡簡樸制慾的生活方式；重視靈性修行。但兩教在義理及社會實踐上卻各有偏重之處：佛教重「慈悲」伊斯蘭教重「正義」；佛教論政治理想時偏重統治者的德性，伊斯蘭教主張依律法而治；佛教在面對世俗的問題時傾向於從個人心性與修持層面來檢討，伊斯蘭教則傾向於從社會集體及歷史的角度來著眼。至於這些差異處的根源，當然必須深入兩教各自的教義、戒律及修行等領域做深入探索方可知其所以然，在此僅需強調由於這些差異點，因此兩教之間有許多相互學習的空間。

心道法師的一小步　台灣宗教界的一大步

　　當前台灣社會亦面臨全球化的衝擊，但從知識界及大眾媒體對這類議題的討論來看「全球化」的實質內涵經常只是「西化」的擴大解釋而已，例如學術界，熱衷於掌握西方先進國家的最新研究趨勢；產業界熱衷於引進西方科技以開拓國際市場；宗教界則熱衷於到西方國家設立道場，傳播東方「靈性智慧」且樂於和基督宗教對談，對其他東方宗教則漠視之。

　　顯然台灣社會各階層的世界觀之中，東亞以外的其他東方世界的宗教與文化是無足道哉，這個現象當然也足可應驗本書所談的根本問題，也就是第三世界國家，若無強烈的文化自覺，實難以擺脫西方資本主義國家在這兩個世紀以來進行全球性的擴張所導致的經濟、政治與文化之殖民主義所形成的霸權文化，陷入西方現代文明的洪流而無能進行各東方文化之間的相互瞭解。

　　就這點來看，伊斯蘭教所置身的亞、非世界及佛教所置身的東亞世界雖有許多文化差異，但卻面對相同的全球化及西化的歷史挑戰，究竟東方民族是要被動地接受西方文化霸權的既成事實，或是採取更積極主動的作為來回應西方過猶不及的強勢影響，值得伊斯蘭教與佛教兩大傳統超過十億信徒的深刻反思。由心道法師所推動的這場回佛對談，雖然可能只是國內佛教界跨出的一小步而已，但若能激勵國內各宗教團體推動更多類似之具有創意的宗教對談，或將匯聚成台灣宗教界具有歷史意義的一大步。

人類文明的第二個現代化

政大東亞所教授　李英明

　　告別了紛擾戰亂的20世紀，人類文明的軌跡紀錄，以耶穌誕生作為紀年，匍匐前進的經過了兩千多年；隨著資訊科技的發展，我們進入了一個日新月異的時代，許多我們以為既定的觀念、想法與制度和邏輯，都面臨了重新的檢驗和組合，既存在我們思惟世界中的舊有圖像，正以人們所覺察不到的速度在崩解繼而重組改變；許多科幻小說或電影情節所虛構的世界，已經悄悄的貼近了我們人類真實的生活，不論是複製人的出現、生化科技的發展、奈米技術的運用或者是通訊設備的日漸精巧，讓我們的生活與思惟空間，有了巨大的改變；我們必須瞭解到，人們所常說的資訊化或全球化的時代，指的並不是一種空泛名詞或只是在廟堂之上的一種論述，而是關乎著我們的情感、喜好與存在，貼近我們生活的每一個面向，在無形之中以看不見卻綿密的網，層層的包裹著我們生活的全部；漸漸的，我們的思惟方式與價值態度，跟隨著多元結構的向度，被迫需以一種全新的視野來面對。簡單的說，自佛滅以來兩千多年，人們的生老病死、愛恨情仇，就如佛陀在世時一樣從未改變的不斷輪迴，但隨著人類物質文明的推進，科學技術的發展前行，對於「人」的這個課題，我們必須要有一種新的詮釋和理解，何謂「人」？追本溯源到終極，我們仍必須強迫自己面對回歸到最本質，重新去定義和定位人，包括人與神、人與自然及人與自身的問題。

現代化發展的危機與反省

　　與此同時，有些人們開始膨脹自己，在伴隨著資訊科技的發展下，認為自己可以扮演上帝的角色，主宰他人的命運；但另一方面，也有人開始反省，認為在一個缺乏科技倫理的世界，因為人類的貪婪與自私，科技的日益發達，造成的卻是更大的生態環境與自然的破壞；因為對物質感官的過度追求，使得人與宇宙、人與自然、人與自己都失去了

平衡；也就是説，當人的靈性已被過度的欲望蒙蔽時，人類便失去了冷靜判斷的能力，只會一味的去追求身體的享樂與滿足，於是不斷的向外追求與掠奪，成為「發展」與「文明」合理化的藉口。

西方文明的發展，將人類帶向了一個現代化的物質世界，而這樣文明的進程和軌跡，可以説是貼近在以基督宗教為核心的價值觀中；換言之，經過對神權時代的反思之後，西方世界重新開始相信人的價值，繼而相信對神的禮敬應該表現在現世的真實世界中，於是扮隨基督的福音，文明建設現代化的腳步大步向前，跨向了全世界，從18世紀到20世紀短短的一兩百年，築建了一個前所未有的美麗新世界；我們可以説，人類文明的現代化，在以西方為中心，基督教價值為核心中已趨近完成。

現代化的過度發展，讓人與自己、與自然都失去了平衡，當發展及文明的進步成為一切的目的，而非手段的時候，作為現代化發展核心價值的基督宗教，蘊含其中的仁慈、博愛等諸多良善的意念，伴隨著西方世界強大的經濟軍事實力，都很容易被利用成一種壓迫與宰制矮化其他不同文化宗教的工具；於是我們可以看到，隨著現代化腳步而來的，是以西方為中心價值體系的建立，也就是以西方基督教文明為中心價值的被強調，漸漸的，許多異質文化或宗教被迫邊陲化，一種挾帶強大經濟軍事力量的宗教本質主義，讓人們被迫陷入一種現代化的危機。

從一連串的宗教衝突，包括伊斯蘭世界對於基督教世界的反抗，我們可以解讀為對上述宗教本質主義的反抗；也就是説，以西方為中心的資本主義體系，在帶給人類許多的危機後，面臨了挑戰與反動；而基督教價值與思想，亦化約的成為另一種宗教本質主義打擊的對象；於是我們可以説，在對神權時代的反思之後，基督教思想為人類現代化文明建設作出了具大的貢獻，但隨著基督思想的被工具化，以資本的積累及快速流動作為載體的體系，讓以基督思想為核心的現代化進程陷入了困境，也遭遇到了前所未有的挑戰。

人類將走上第二個現代化

在現代之後，人們重新思考生命的實踐方向及實踐的意義，也開始思考在與神合好之前，學習如何與自己合好，在與神對話之前，學習如何與自己對話：「人」開始學習回歸到以一種純淨，去傾聽內在屬於宇宙終極的心靈之聲：在每一段生命實踐中，呼應最深沉的屬靈力量，讓每一個生命真實的「活著」，同時，在每一個活著的當下，去創造每一段生命的真實，人的生命因此開始完整。

現代性的斷裂及轉折，讓人們得以重新找回「生命的意義」也讓人得以重新得到寧靜，同時，西方宗教世俗化的運動，影響了世界體系的運作，然而，在這個以西方為中心的世界體系建構過程中，宗教凡俗化的力量影響了東方，為東方宗教帶來了成就人間淨土的實踐力量，而在每個實踐的過程，諸佛菩薩的面貌便漸漸的清晰可見：但更重要的是，東方宗教終必須扮演修補以基督教為核心的西方文明的斷裂，及被工具化及過度重視物質後的靈性空缺。

不論是地上天國或人間淨土，生命本質的苦難都必須透過與這個世界的對話，才能找到一個可能的答案；在「虛」「實」交錯之中，我們透過有限去追求無限，當然，也透過虛假去追求真實；慈悲與智慧、行踐與願力，只有當菩薩活在人間，眾生才能真正瞭解生命本質的超越；而也唯有透過對生命本質的追求與體認，眾生才得以在他度中自度；宗教永遠扮演帶領人們思索生命本質，及實踐生命意義的角色，而我們相信，人類發展的軌跡終必前行，而人類文明的第二個現代化，在東方宗教的引領下，也終必開展！

靈鷲山心道法師所倡議的「回佛對談」，正是跨出第二個現代化的第一步。

和平 從聆聽開始

世界宗教博物館發展基金會執行長　釋了意

　　與其說世界的發展是從人類的需求開始，毋寧說是從欲求而來。隨著國家意識、種族主義、集體意識的優越感，或自體意識的價值觀，人類彼此威脅、彼此侵略、彼此爭鬥，只在乎自身利益與國家利益，卻罔顧了地球環境倫理。在混沌的知識亂流中，知識本應是人類與地球永續經營的一股力量，它不應反成為破壞地球環境倫理與秩序的罪魁禍首。

全球聖蹟保護運動　開啟回佛對談的大門

　　西元2001年3月，阿富汗巴米揚大佛遭塔利班政權摧毀時，舉世震驚。長年致力於推動宗教交流、視促進世界和平為己任的世界宗教博物館創辦人心道法師，在第一時間，身先士卒，站在國際舞台上，發起保護聖蹟的國際性行動，號召全球政界、博物館界、宗教界人士一同加入保護聖蹟的行列，為重建大佛而努力。

　　我們也同時在各地舉辦了環球記者會，在日本東京、美國紐約、香港、台北、波士尼亞，不斷為保護聖蹟大聲疾呼，這個行動甚至引起國際媒體的矚目與肯定，包括NHK、BBC及CNN都曾對這項行動有大幅的報導。在一次次的行動中，包含了香港某企業的支持，我們募集了上百萬港幣的功德金重建大佛。猶記得，當時的阿富汗文化部長Dr. Rahin在香港記者會上曾說：「如果現在有一筆基金，讓他選擇蓋七座大橋或重建大佛，我想阿富汗人民會選擇大佛，因為大佛有他們千餘年朝夕相處的情感，失去了大佛，宛如失去了長遠的精神支柱。」

世界宗教博物館開館　扮演回佛文化的橋樑

　　同年9月，美國「911事件」粉碎了人類為所欲為的價值框框。人類的科技、資訊與強盛的經濟力量並不代表真正的生存安全。這不禁讓人反思，人類生存的真正安全是什麼？該用什麼來維

護？同年11月9日，以愛與和平為創館宗旨的世界宗教博物館開幕了，911？119？這樣的巧合令人不禁聯想，相同的阿拉伯數字，不同的次序，所呈現出來的意義卻是如此兩極。世界宗教博物館開館了，不是促進世界和平任務的結束，而是另一個開始。

心道師父說：「這世界需要柔性的第三力量，來平衡回教與基督教兩股勢力，這第三力量最適合的就是倡導空性的佛教，因為佛教的平等與包容是可以成為和諧對話的橋樑。只有相互的交流、相互的溝通，才能成為朋友，才能彼此瞭解。」劍及履及地2002年起，一系列的全球性回佛對話行動於焉展開。

第一場回佛對談在美國紐約哥倫比亞大學舉行，將紐約列為首場回佛對談的地點，有它深層的意涵，因為它是911事件的發生地。這場對談的主旨「找到共識‧共謀和平」由千禧年世界和平高峰會祕書長Bawa Jain擔任主持人，在此感謝R.F.的總裁Dena小姐的安排與協助。在這場對談中，我們討論了：「神」對尊敬生命的觀點，也對神的存在提出了看法。關於不同宗教對「無限權柄」的解釋，創造與被創造的角色，以及宗教間合作的可能與挑戰，是否在人類競爭與合作的關係上，達到彼此接受與欣賞。「人」對「神」與對「信仰」的聖化或妖魔化的歷程，最重要的是──將心比心。

第二場對談的地點，我們選擇在回教國家馬來西亞的首都吉隆坡舉行。這場對話討論的議題是「立足亞洲‧放眼天下──全球化運動在亞洲」，由天主教人士David A Thony負責主持，也感謝Dr.Chandra Muzaffar所領導的團體 "International Movement for a Just World" 的協助。在這次會議上，我們發現非常多的回教徒參與對話，並且非常友善地與我們做朋友，同時還有非常多的回教學者，他們研究回教教義與現代社會發展相互關係與應用，不但承襲傳統的教義，更多元化的運用，這是值得我們學習的。

全球化 建構多元的宗教文化

既然「全球化運動」在亞洲，那麼，佛教與回教這兩個亞洲最

大的宗教，就更應該共同打造這個地區的新願景、新世界，與會的千卓拉先生在這裡提了一個很棒的方程式「重建新亞洲1＋2＋7＝10圓滿：一個共識，兩個精神—— 慈悲與公義，七個良好生活態度。」這是個很好的方案，使全球化下的宗教文化，是真正的、確實的多元化，而不是落入多元化口號陷阱下的單一化。

第三場對談選在印尼雅加達，我們討論的主題為「靈性全球化」，邀請基督教Dr.Wolfgang R.Schmidt主持，這場對談中我們看到了，回教及佛教的青年們非常積極地參與，從青年們的熱烈交流中，我看到了和平的種籽在萌芽，由衷的盼望我們的世界能因瞭解而和諧。

值得一提的是，這場對談獲得印尼前總統瓦希德先生很大的支持。回想這場對談召開時，適逢印尼政府，為了是否將回教列為印尼單一宗教的合法性吵得沸沸揚揚。回國後，得知印尼政府不但未通過單一宗教的合法性，反而通過五大宗教共同列為印尼合法的宗教。雅加達媒體在「回佛對談」當時曾報導了這場對談的意義與價值。我們覺得或許「回佛對談」在印尼，引發了印尼政府與人民對宗教共存共榮的議題，重新醒思而有了共識，對於這樣的結果我們也盡了綿薄之力。

我的上師心道法師說：「不管身體在不在，心靈總是在那裡。」「只要心靈和平，世界就和平了。」這兩句話為「靈性全球化」的議題做了最重要又最貼切的詮釋，也闡明了在後現代主義的時代發展中，佛教徒所應承擔的神聖使命。

正當我們思忖著是否要到UN去辦下一場對談時，在曼谷的聯合國總部，我們遇見了教科文組織宗教交流負責專員Ms.Rosa Guerreiro，她一聽到這個構想，很興奮地主動要求加入活動籌備行列。我們花了將近一年的時間籌劃，再三思考會議主題，最後決定將會議重點放在「全球倫理與善治」「宗教衝突如何化解」以及「和平教育」的議題上。

我們都一致認為全球化的社會、資訊、科技、跨國企業、網路，正在改變人類的生活與思想模式，而宗教道德將是全球化下人類發展的基本原則，我們希望藉由問題的討論來正視與思惟全球人類生存的道德秩序。同時，我們也發現在各式衝突中，宗教與種族的衝突是最可怕的。因為那是完全無法以理智或國家法律來制約的。我們期盼透過這次對談，能夠理出一套和平教育的方法，從兒童及青年的學習開始，以愛來灌概、培育他們，讓他們的心中因為有愛、有和平，而使得全人類能夠成為一個大家庭。

　　在巴黎聯合國教科文組織所舉行的這場回佛對談，從活動策劃、執行到落實，可說是千辛萬苦，令人欣慰的是三天議程不但進行得相當順利，還獲得了十分豐碩的成果。誰說不同的宗教信仰者無法溝通？憶起當時整個議程結束後，各國與會者不但一起前往巴黎當地的佛寺禪修，還到清真寺喝甜茶呢！您能想像來自四面八方、不同宗教信仰的一群人相談甚歡的美麗畫面嗎？

透過不斷的對話　重現和平的曙光

　　透過不斷的對話，不同宗教信仰者在不同的宗教教義薰陶之下，回教徒不斷地思考如何與佛教溝通，佛教學者也不斷向回教徒學習，我們就在這樣自然的環境底下，培養出相依相存的友好關係。在對談的過程中更打開了自我優越感的藩籬，虛心地、開放地、真心地為地球環境倫理打破既有的觀念重新省思。我們發現到來自於動亂國家所提出的問題都是非常迫切而且實際，而先進國家的學者也能在沒有政治色彩下，充分地提出他們的觀點，並且發揮屬於知識份子特有的論述來關心這個世界。這當下，國家的隔閡不見了、政治的利益也消失了，我們只看到人類良善的本心。

　　我是一個名不見經傳的出家人，十幾年前依從上師的指示，籌建世界宗教博物館。那時候上師告訴我未來的世界將會有宗教衝突，如何促進宗教共存共榮，以及如何運用科技媒體來呈現宗教教育是很重要的。當時的我並沒有深刻的感受，但這十幾年的東奔西

走，我經歷著宗教衝突事件、種族問題、全球化的訊息危機，種種問題都是那麼近距離地威脅到人類的生存與整個地球的平安。相信不只是行菩薩道的修行者，只要是有心人都會想為我們的地球家盡點力。雖然這個工作不容易讓政府瞭解或者獲得企業的支持，但從長遠的時間與廣大的空間來看，參與這個工作的是一顆接著一顆大愛菩提心的升起，我們將相接相續，永不滅絕！

在這裡，我必然要提到尊貴可敬的心道師父，十年前當師父他踏出和平的第一步，並帶領著十萬人，與他一同披星戴月；十年後，一座屬於愛與和平的殿堂──「世界宗教博物館」終於呈現在世人面前。緊接著上師他致力於全球回佛對談行動，繼續為宗教交流、世界和平而努力。在這四場回佛對談活動之後，我曾請示上師：「您的願望是什麼？」師父說：「就是繼續辦下去！」

「地球只有一個，每個宗教要能開放胸懷，彼此接納，聯結起來拯救地球的危難，保護地球的健康，在對談中，只要彼此一點點、小小的開放、小小的接納，就會啟動愛，造就地球的平安，整個地球就是一個人類的大家庭，只有延伸對自己宗教的護持與愛心到其他宗教與教徒身上，才能形成真正的地球家。因此，繼續辦下去，啟發宗教共存共生的價值，這是時代的必然性。」上師說。

修道者的悲憫，總是一線和平的曙光，一絲無望者的慰藉，或者，更是時代的衝突與轉化的正面能量。

編者的話
時間的長河

濯足清流，抽足再入，已非前水——西臘哲學家，赫拉克利圖斯

近兩年來，我們所敬愛的心道師父，在化解宗教衝突、追尋世界和平的使命下，勤勤懇懇、孜孜矻矻，以一個佛教徒的身分，跨越宗教，與伊斯蘭世界進行對話。在對話中，重建不同宗教和平共處的基底，並建構出不同文明得以交融的空間。

「回佛對談」的編輯工作，是史料的彙整更是歷史的見證。面對會議文稿記錄，這項工作的進行，彷彿神入在每一場對談的歷史現場中，在文稿的字裡行間，我們真實地見證到每個與會者與工作人員，對促進世界和平的奉獻與熱忱，這樣的積極、耐煩、勇往直前地為生民立命，只盼望為這可愛的地球家，敲開一扇太平世界的大門！我確信，一個人的善念、一個人的愛心、一個人的熱情參與都會在有形無形之中對周遭的人事物形成共鳴。這一個善良的、和平的、積極的磁場，一定會無限延伸。

由於「回佛對談」是以英語作為主要的對話工具，即使經過審慎的翻譯與多次校正，仍舊避免不了文意與語氣的失真，文字已再三修潤、推敲，盡可能的呈現出與談人真實的立場與心境。參與編輯的每個人都盡了最大的心力，我們如臨深淵，如履薄冰，試著重建並還原一個歷史現場。

在本書出版的同時，心道師父正於西班牙巴塞隆納持續進行另一場跨宗教的真摯交流，感謝十數年來成千上萬默默護持的一切善緣，因為有您的堅固道心，讓和平之路再度大步向前「回佛對談」2003，是一個歷史的紀錄，更是一個願景的開始。

目錄

千禧年
聯合國世界宗教暨精神領袖和平高峰會
釋心道法師祈願文

　　愛與和平
　　萬物並非無言　最響亮的　原是寂靜
　　天地玄黃　永恆乃是當下剎那
　　讓我們一起合掌同心祝禱：

　　為了揭開這神秘宇宙的真理
　　明白生命的實相　讓我們聚在一起
　　學習用心傾聽　彼此扶持　主動轉化衝突
　　尊重每一個信仰
　　因為愛是我們共同的真理
　　願所有迷惑矛盾的心靈
　　都能蒙受宗教信仰的潤澤　歡欣喜樂

　　為了消融這世界冷酷的紛爭

免除戰爭的威脅　讓我們聚在一起
學習以真誠言語　交流溝通　主動寬恕和解
包容每一個族群
因為和平是我們永恆的渴望
願所有痛苦無依的生民
都能經由人權機構的努力　不再恐懼

為了卻除這社會貧富的懸殊
終止生態的破壞　讓我們聚在一起
學習以具體行動　善待一切　主動消弭貧窮
博愛每一個生命
因為地球是我們永續生存的基礎
願所有枯竭軟弱的生命
都能遠離愚昧無知的煩惱　重建信心

世界相依
生命平等
心光互映
交織成宇宙重重無盡的珠網
改變朝代的是政治
改變生活的是心靈
身處千禧年的轉捩點　讓我們聚在一起
凝視問題的癥結
每個人都有責任
以現有的生命能量
在下一代心中
點燃「愛與和平」的光亮
願愛的種籽遍灑天下
回應新世紀的挑戰

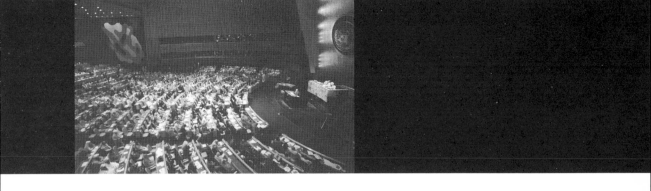

泰國世界宗教領袖高峰會
釋心道法師祈願文

聽哪！
你聽見了嗎？

它不是一滴水
它不是一條河
它不只是一片海洋
它是我們宇宙的地球家

它不僅是您的眼淚
它也是我的血液
它不只是一條生命
它是生命傳承裡的希望長河

因為用耳朵聆聽
發現您的口中　宣流的　是我的心聲
因為用眼睛聆聽
照見您肅穆的神情中　沈澱探索著我們共同的問題
因為用心聆聽
發現您我面對真理　這份共同的　堅持與執著

因為聆聽
我們與真理相應　融合為一

宇宙時空裡　心靈的長河
匯流成海　果真無所不在

它不斷　流過中國
　　　　流向印度
　　　　流過非洲
流進歐美與印第安……

我們原來　走在同一條路上
不同的名稱、不同的語言
卻是永恆的　親兄弟

如同地、水、火、風
組成了大地
我們生活在　唯一的地球家
共同使用日與月、白天與夜晚
彼此相依相存

當您奉獻時間與心力
在世界各地　不斷相聚
只願為下一代　建立一個　和諧的天堂

在這台上　所發出的聲音
越來越一致　共識已然形成
而且必須持續

在這裡　我們共振　共鳴　實際行動
重建人類與宗教　共同的友誼與信心
只為地球家　永恆的和平

找到共識
共謀和平

與談者

大衛・恰沛爾（David Chappell）：曾
任夏威夷大學佛教與比較宗教學教授，
1981年至1995年擔任佛教與基督教研究
學術期刊之創始編輯，1988年為佛教與
基督教社會研究機構的合辦人，並於
1993年至1995年成為該機構總裁。

阿密・伊斯蘭（Dr. Amir. Islam）：回
教對話論壇總監（Director of The
Muslim Forum for Dialogue）。

佛修・蘭弗（Feisal A. Rauf）：紐約清真
寺，伊斯蘭教長（Imam Feisal, Imam,
Masjid Al Farrah）。

釋心道（Dharma Master Hsin Tao）：
靈鷲山無生道場開山住持、世界宗教博
物館創辦人、愛與和平地球家創辦人。
2002年3月於美國紐約哥倫比亞大學舉
辦首場回佛對談。

主持人

巴瓦・金（Bawa Jain）：千禧年世界和
平高峰會秘書長

〈編按：內文中所有與談者皆使用習慣性稱謂，不
再冠以全名及全銜〉

◎圖說：2002年3月11日　心道法師於紐約聖保羅教堂外為911罹難者祈禱

阿密・伊斯蘭（回教對話論壇總監）：
當我們坐下來對話，真正所說的是，我們尊重您。

佛修・蘭弗（紐約清眞寺，伊斯蘭教長）：
先知曾說過一句格言「天堂就在母親的懷抱裡。」

巴瓦・金（千禧年世界和平高峰會秘書長）：
在高峰會時，我們受到很大的鼓勵，而最奇妙的是發生在遠離大會場的走道上，大家開始了深具意義的交流活動，尋求彼此間更大的合作空間。

釋心道（世界宗教博物館創辦人）：
法師的角色是——真理與人類之間的橋樑。我們是真理之眼，協助人們看見真理；我們是真理之耳，幫助人們聽聞佛法；我們是教導人們建立良性循環互動的橋樑。

巴瓦・金

　　大約一年半前我與心道法師都參加了聯合國所舉行的高峰會。高峰會舉行的時間是在2000年8月，剛好在塔利班政權摧毀巴米揚大佛之後不久。心道法師於高峰會議中公開說道：「以宗教之名褻瀆、破壞任何傳統的聖蹟與聖物，都是一種暴力行為，只有加速隔閡、使衝突惡化。」

　　2001年11月9日「世界宗教博物館」開館，我們便針對維護聖蹟舉行了一場國際研討會。當時我們宣佈成立一個委員會以維護聖蹟。我們承諾——尋找宗教間的共識，共謀世界和平，創造一個愛與和平的地球家。

不同宗教　開始對話

　　我們想探索伊斯蘭教徒與佛教徒對「皈依」的感覺。根據統計資料顯示，在美國成長最迅速的宗教是佛教，而世界上成長最迅速的宗教是伊斯蘭教。這意謂著信仰其它宗教的人們開始皈依伊斯蘭教與佛教，成為這兩個宗教的教徒。究竟是什麼樣的原因吸引這些人皈依這兩個宗教？

　　在印度，印度教徒覺得他們的信徒正在銳減，因為人們皈依了伊斯蘭教與基督教。我們今天所討論的議題背景，有一項即是——面對重新皈依的挑戰。另一個觀點則是經典的釋義。大家可以在我的左手邊看到學者，右手邊看到宗教領袖，我們即將深入探索這兩個宗教各自所面臨的挑戰。在當今惡劣的現實環境中，他們能用什麼樣實際的方式保護地球村？而彼此又如何進行最好的合作？

　　在高峰會時，我們受到很大的鼓勵，因為有來自伊朗的宗教領袖代表何梅尼(Ayatollah Khameini)參加大會，也有來自泰國的佛教代表。最奇妙的是，發生在遠離大會場的走道上，彼此深具意義的交流。伊朗代表因為這次的會議開始訪問泰國，泰國佛教比丘也禮尚往來地到伊朗參訪。他們開始了交流，同時也互換代表，尋求彼

此間更大的合作空間。

在這場紐約對談結束之後，我們在其它地方也計劃著舉行一系列的對談，下一場對談預定是在五月的第一週於馬來西亞舉行，然後有印尼及巴黎等場次。我們衷心企盼最後的一場對談能在伊朗舉行，而這一系列的對談我們也希望能集結出版。

有一件事是我必須致歉的，今天我們的主要與談人全是男性，雖然我們也邀請女性，很可惜的是她們無法前來。雖然這不是一個疏忽，但我們的確應該注意到這個問題，我們也希望女性能夠加入對談。就以心道法師為例，他的許多弟子都是比丘尼，他本人對於女性的積極參與世界和平計劃便有深刻體認，我們實在需要各位協助推薦更多的女性加入討論，讓所有的互動更為豐富。

釋心道

親愛的朋友們，感謝各位今天的蒞臨，這個美麗的世界有許多不同的宗教、文化與種族，我們希望今天能找到一些彼此和諧共處的方法，讓我們一起合作，使居住在這個地球家的人們平安、快樂地生活在一起。

大約在十年前，我們開始籌備世界宗教博物館，籌備博物館最重要的目的，便是打造一個讓各個宗教能夠自由自在相會的舞台。我們可以認識彼此互相學習，讓彼此不再是陌生人。當我們同在，便發現了宗教的同一起源——真、善、美。既然發現了我們共同處，便沒有任何理由可以讓我們相互排斥、相互衝突。

為了籌建博物館我們到全球各地拜訪不同的宗教——猶太教、基督教、伊斯蘭教、印度教等。剛開始我們對彼此不甚熟悉，但是當我們開始交談，這種陌生與不熟悉的感覺不見了，我們經由交流互換訊息，世界宗教博物館就是各個宗教同心協力的成果。

在這個資訊與科技高度發展的現代，想研習不同的宗教並不困難。世界宗教博物館提供的便是世界上主要宗教的教義與傳統思想。讓原本已有信仰的人更瞭解自己的宗教，向未建立信仰的人可

以學習不同的宗教。或許，當我們互相瞭解，彼此學習，就不會再拒絕彼此，而當我們互相依賴、和諧相處時，和平就會來臨！

世界宗教博物館已經完成了，我們接受到許多正面的回應，我們都希望彼此間的對話能夠更緊密、更深入。我們相聚於此，也是相同的目的，希望我們今天互換的訊息可以為人類帶來更大的快樂。

巴瓦・金

世界宗教博物館並非一座傳統形式的博物館，它是具有實驗性質的，使用的是與傳統截然不同的呈現方式，當我參觀博物館的時候，對於不同宗教傳統中不同生命階段，產生相當獨特的感覺。法師是否可以和我們分享關於世界宗教博物館的精神與理念？

釋心道

所有的宗教，在教義、教條的部分都詮釋的比較含蓄，這個原因，使得我們很難去理解這些教條的內容與更深層的教義。博物館因而嘗試著以一種不同的方式，客觀的、互動的、有趣的方式來探索宗教的內容與意義。

我們藉生命的不同階段，出生、童年、青春期、中年、老年到死亡串連各個宗教的祈禱儀式和慶祝方式。經縱向與橫向的交集，我們體驗到宗教之間的共同點——尊重生命。現在，博物館希望散播一個理想，一個愛與和平的理想；換句話來說，是一種彼此基於尊重與包容的互動模式。我們的展示設計都是以這個理想為基礎，做一個客觀且完整的呈現，這也正是來到博物館參觀的人們，不論年輕人、政治人物、藝術家或文化界人士都會喜歡博物館的原因。

伊斯蘭教與佛教中「神」的概念

巴瓦・金

請教佛修・蘭弗：伊斯蘭教是如何尊重生命，「神」的觀點為何？

佛修・蘭弗

　　根據伊斯蘭教的教義，伊斯蘭教是神創造的宗教。神透過世界各地的先知、上師與預言家(messanger)揭示、詮釋所有的教義。第一位伊斯蘭教徒是亞伯拉罕，他制定了我們每天朝拜麥加及天房的儀式與年度朝聖。伊斯蘭教徒的觀點是，無論佛陀、穆罕默德、摩西或耶穌都好比是區域經理，教導我們，並負責區域管理，而他們共同闡述的是同一個永恆──真理。

　　我們身為人類的目的與任務，特別是自稱為宗教學者的我們，則是定義所有的宗教都是基於「真理」這個共同基礎的。我們認同此點，因為這個基礎是我們建構人性與民族精神的根本。而我們所謂的社會契約，則應該是在地球村的社會中。

巴瓦・金

　　伊斯蘭教是神的宗教，依您的瞭解，神是否只存在伊斯蘭教，而不存在於其它宗教？

佛修・蘭弗

　　《古蘭經》的基本觀點是，神將先知放在全世界所有的人類社區裡教導著相同的信息。儘管儀式有些不同，強調的重點也可能有所差別，但其根本的訊息是一樣的。這和耶穌所說的：「什麼是最偉大的戒律？」首先是：「全心全意以你的靈魂敬愛主，你的神，創造者。」就伊斯蘭教徒而言，這是對信仰的宣示，與神的契約。

　　耶穌接著說：「戒律是：愛你的鄰居如己一般。」這與第一條戒律是並存不朽的，這是兩個最重要的戒律，而且不分次第等無差別。

巴瓦・金

　　我想同樣請問大衛・恰沛爾，佛教信仰裡的「神」意義為何？您對伊斯蘭教所謂「神」的宗教又如何回應？

大衛・怡沛爾

我想用譬喻的方式來回應這個問題。

心道法師的道場位於台灣的東北角。在一處稱為「靈鷲山」的山上。靈，這個字意指一種靈性能量，讓我們有生氣、有活力。道場的名字為「無生」意即超越生、死。佛教並沒有所謂「神」的概念，佛教著重於靈性與智慧的啟發、生與死的解脫。

巴瓦・金

請問您，佛修・蘭弗說伊斯蘭教是神的宗教，佛教是嗎？

大衛・怡沛爾

看來困難的問題立刻就出現了！佛教重視的自我探索，是探索苦難的來源與面對苦難的呈現。就在不斷的探索過程中，我們發覺苦難的成因是「執著」因此，佛教思想並非開始於「神」的信仰，反而是另外一種相當不同的形式——嘗試處理與面對苦難，這是一種經驗。若說到觀念，佛教徒不斷的訓練自己保持謙虛，尊重每個人的想法，任何的教義我們都不應該去執著，我們不應該讓自己動怒或與人爭論，更不應該固執己見。

巴瓦・金

我想請教心道法師，佛教徒如何尊重人類生命？佛修・蘭弗說萬物皆由神所創造，就佛教徒的理解又如何呢？

釋心道

就佛教徒的觀點而言，生命是充滿於宇宙之中的，沒有一處地方是全然沒有生命的，只要有一個想法便有一個生命，因此所有的時空都充滿著生命。每一個生命皆有其獨特的方式行動、思考、並有其個別的生命形態。

生命是有感情的，也是無情的。若我們觀察生命的起源，萬生萬

物皆是完全的、無生也無死。生由念起，死由念滅。佛教的教義是「無生也無死」我們的世界之所以會一團混亂、充滿疑惑，就是因為不同的想法產生各式各樣的生死、變化。我們的生命存在於這樣的世界是苦！是難！若能回到根本，我們的生命才可以超脫生死。

伊斯蘭教與佛教的「無限權柄」

巴瓦・金

我想請教阿密・伊斯蘭，什麼是伊斯蘭教中無限的權柄？

阿密・伊斯蘭

我希望將格局放大來探討這個內容，在美國這是首度有這樣的對談，特別是在這樣的環境下。在今天的對談中，包容不斷的被提及，但我個人則認為包容，並不是一個很積極的字眼，因為它並未傳遞出，跨宗教間的共同努力與攜手合作的重要性。我想告訴心道法師我十分感激他所做的努力，建立一座世界宗教博物館，是十分重要且神聖的事。我們應當瞭解，讓人們認可其它宗教的傳統信仰與象徵的重要性。

身為伊斯蘭教徒，我必須由佛教徒的靈性傳統上學習對人類生命的尊重，因為這是非常重要的。我們必須改變彼此看待的方式，才能創造一個美好的世界。

巴瓦・金

我們再把問題移轉給佛修・蘭佛，伊斯蘭教是否有階級制度？其分別在伊斯蘭教社區的功能為何？

佛修・蘭弗

我很樂意回答您的問題，但是請先讓我表達一個觀點。伊斯蘭教強調人類生命的重要性，人類的生命是十分珍貴的，個人是在人類

這個「大宇宙」之下的「小宇宙」。

《古蘭經》是創造者以人類的語言和我們溝通的橋樑，我想強調的是在伊斯蘭教裡有兩個觀念，我們稱做 ˇtensiˇ 和 ˇteshwiˇ 兩者皆屬神學理論名詞，兩者的意思皆是：神不是任何我們所能想像的形象。因此，造物主是超越性別、時空的《古蘭經》中有許多章節便是如此表達，沒有任何事物像神一般，沒有任何事物是類似神的。

然而為了能讓人與造物主發展出關係，神也因此有了所謂的性格，他是活生生的人。所以，生命不再是造物主的分化，而是造物主的本質。造物主是有生命的，祂有存在的特性，祂同時也具備了一些特質，我們稱之為神的90個特性或名字。所以造物主無所不知、無所不在。

teshwi意即相似，是人瞭解神的一種途徑。神與人之間是有一些特定相似的部分。最基本的特性依據《古蘭經》中的敘述是，當造物主將聖靈吹入亞當體內時，眾天使受命臣服於亞當。依據《古蘭經》的定義「神」賦予人類靈魂、靈性與形體，並同時傳達了一個訊息──人類是被創造的。

談到伊瑪目這個問題勢必同時談到，我們並無一個宗教組織，能夠給予正式的職銜。我們沒有神職授任，但我們有伊斯蘭教信仰的大學或學校。伊瑪目是帶領祈禱的人，還有一個比較狹隘的用法是指，每週固定聚會時，引領大家祈禱的人。

巴瓦・金

現在我想請問心道法師，請問佛教法師的角色為何？

釋心道

法師的角色是──真理與人類之間的橋樑。我們是真理之眼，協助人們看見真理；我們是真理之耳，幫助人們聽聞佛法；我們是教導人們建立良性循環互動的橋樑。

巴瓦・金

再請教您什麼是佛教無上的權柄？

釋心道

佛教無上的權柄就是眞理。

不同宗教間合作的可能與挑戰

巴瓦・金

宗教間合作的阻礙與挑戰爲何？

阿密・伊斯蘭

1999年12月世界宗教會議於南非召開時，爲這個問題提供了絕佳的範例。當時全世界正陷於千禧年（Y2K）的狂熱中，這次會議的經驗眞是意味深長。達賴喇嘛當時也出席了這場會議，所有的宗教人士齊聚一堂，包含了原始與非洲宗教。我有一種許多年來未曾經驗到的樂觀，感覺世界即將大同。

當時，宗教領袖們討論著身爲人類家族所面臨的挑戰，當時大會場外有抗議者張貼海報反對與會的伊斯蘭教徒。所以即使對話也有內部反對的聲浪，這也是爲什麼我會設立伊斯蘭教論壇的原因。我們提倡對話並鼓勵穆斯林參與對談，不過內部仍有許多反對的聲音，這就是一個我們必須克服的挑戰。

另一方面，就我個人的瞭解與經驗，發現人類對於跨文化的協商感到困難，目前西方世界仍普遍存在著種族問題。所以，有關立場不同這個問題，我們仍必須試圖協商，達到接受與欣賞，更重要的是我們必須將心比心的瞭解，他人被妖魔化與邊緣化的心路歷程。

巴瓦・金

佛教徒是否認爲其他宗教是一種障礙呢？

大衛・恰沛爾

　　我想以佛陀為例，佛陀告訴他的信眾，可以繼續追隨原來的上師修行，佛陀並未提議這些人必須加入他的社群（僧團），才可以和他一起學習佛法。從佛教徒的觀點來看，信徒是追隨佛法，而佛法就是真理，並不需要特別加入某一特定的社群。佛教有相當多種修行方法，開創出許多修行的法門，只要是對靈性成長有益的，便可受到佛教徒傳統上的認定。所以當佛教傳播至不同文化之處時，便與當地的原始文化並存，在這個部分佛教是相當具有彈性的。

釋心道

　　佛教的教義就是眾生平等。佛教並不排斥任何宗教，我們最重要的問題是，是否能主動與別人握手、問好，做一些讓大家感動的事。我相信，若我們能從感動他人開始，就跨越了宗教交流的阻礙，這是我過去十多年來的經驗，我們應該建立起宗教間的信任感，建立起宗教間的和平關係。我們的宗教教導我們不殺生，因此佛教不曾攻擊過其他宗教，也不排斥任何事物。真理只有和平與平等，若我們可以率先踏出第一步，我們將消弭阻礙，然而踏出第一步總是最困難的。

關於伊斯蘭教女性的問題

巴瓦・金

　　我想請問現場的女士，有關身為伊斯蘭教婦女的角色，您自己是如何定位的呢？

現場對應

　　身為伊斯蘭教婦女，和男性在信仰與修持上並無不同。教義上並未做出區分，阿拉之前是無性別之分的，呈現於阿拉之前的僅止於靈魂。

巴瓦・金

有沒有女性伊瑪目？

現場對應

　　傳統上，女性不參加男女混合的禮拜，若女性聚會，女性亦可帶領禮拜，就伊斯蘭的傳統而言，幾乎所有伊斯蘭教知名的學者，在其族譜上皆可見到，教導他們各方面知識的是婦女。

巴瓦・金

為何伊斯蘭教女性不能引領男女混合的禮拜？

現場對應

　　在人類競爭與活動的舞台，阿拉賦予男人一定程度的責任，其中有家庭的也有禮拜聚會時男人必須負擔的責任，至於原因為何，如您所知，伊斯蘭教中有某些部分，你只是被教導著需要接受，卻不須問為什麼。這件事就是我接受而且不問為什麼的。

巴瓦・金

佛修・蘭弗針對此項您的回應如何？

佛修・蘭弗

　　剛才有位姊妹所提到的責任，在神之前，女人與男人的責任是一樣的。所有伊斯蘭教上師，同時教導女人與男人有關崇拜、禁食等宗教責任。伊斯蘭教也確保女人擁有繼承財產的權利。另外，有許多伊斯蘭教社會都是屬於母系社會，在南非、印尼，或部分西非地區到現在都仍然保留母系社會架構。

巴瓦・金

那女性伊瑪目呢？

佛修・蘭弗

男女具有不同之靈性能量，身為伊斯蘭教徒，當您持咒時，便男女有別。

巴瓦・金

可是您稍早曾說，男女之間沒有分別。

佛修・蘭弗

男女在靈修義務上的責任是平等的，好比父親與母親的義務不同，有些義務是來自生理，再擴展至社會所表達的社會律法上。因為一般男人比女人擁有較強壯的身體，所以自然擔任起保護女人的角色。可是，在靈修精神層面，在主之前，男女平等。

巴瓦・金

為什麼女人不可與男人一起在清真寺中祈禱？

佛修・蘭弗

先知說：「別排斥婦女於清真寺之外。」人們的確曾這麼做，將婦女排斥於清真寺之外，這是錯誤的。在我所屬的清真寺，婦女們也會前來，她們也有一些屬於她們自己的空間。讓婦女遠離清真寺是錯誤的，這有違先知的教導，先知所教導的是，必須允許婦女來到清真寺。事實是，婦女並未被要求一定得到清真寺，因為在傳統的社會中，婦女需要照料家務及小孩，所以不到清真寺並未被認定是一種罪惡，但她們仍被鼓勵前往清真寺。而身為男性若不到清真寺，則被認為是罪惡的！

先知曾說過一句格言：「天堂就在母親的懷抱裡。」有一次一位

男眾請教先知「我應該對誰最好呢？」先知回答：「第一位您該感恩的是您的母親，第二位，仍然是您的母親，然後是您的母親，第四順位才是您的父親。」另外，期待伊斯蘭和佛教之間美麗的相遇能夠開花結果。

佛修‧蘭弗

在這裡我用兩點說明，來當做今天的總結：

第一點：修行，對每一個伊斯蘭教徒來說都是十分重要的，而靈性的覺醒，更是修行人不可或缺的一環。

第二點：聽聞達賴喇嘛提起我們彼此之間必須對話，並互相學習，這也是《古蘭經》中所提到的，阿拉說祂創造了我們，而國家、族群的差異，不是讓我們用來彼此輕視的，而是彼此體諒、學習並豐富彼此的傳統。我們的對談必須持續下去，因為當我們坐下來對話，我們真正所表達的是——我們尊重您們。在對談過程中最重要的觀念是，以尊重與認同接納彼此的差異。感謝大家。

（全文摘錄整理於 2002 年3月7日 「回佛對談」于紐約 哥倫比亞大學）

©圖說：心道法師佇立於⋯⋯

吉隆坡

全球化運動在亞洲

與談者

鄔斯塔斯（Ustaz Uthman El-Muhammady）：馬來西亞「認識伊斯蘭教機構」（IKIM）主要成員、回教學者。

魏嘉亞（Vijay Samaravickrama）：馬拉科技大學（Mara Technical University）泰萊學院（Taylors College）宗教學教授。代表馬來西亞佛教最高長老達摩難陀（Sri Dhammananda）尊者列席。

千卓拉‧穆札法（Chandra Muzaffar）：馬來西亞回教意見領袖，「公義世界國際運動」（International Movement for a Just World）主席，為推展民主運動早年數度被捕入獄。著作等身，其中《全球化－亞太地區之宗教傳統觀點與經驗》極受各界重視。

釋心道（Dharma Master Hsin Tao）：靈鷲山無生道場開山住持、世界宗教博物館創辦人、愛與和平地球家創辦人。2002年3月於美國紐約哥倫比亞大學，舉辦首場回佛對談。

主持人

大衛安東尼（David Anthony）：天主教徒。

〈編按：內文中所有與談者皆使用習慣性稱謂，不再冠以全名及全銜〉

心聲迴音　吉隆坡

達摩難陀尊者（馬來西亞佛教最高長老）：
各種身分、宗教、種族都是標籤，讓我們忘了我們都是人類；如果撕下這些標籤，我們就可以共同來合作。

哈森（馬來西亞回教大學校長）：
一個真正深入自己信仰的人，一定是一個寬容、和平的人，同時也會尊重他人的信仰。

圖哈吉（馬來西亞IKIM副主席）：
就像世間有太陽與月亮、白天與夜晚，各種差別的存在是必然的，也是必須的。不同的種族、宗教與文化，我們彼此需要。

鄔斯塔斯（馬來西亞IKIM主要成員）：
我們信仰的靈性知覺，是宗教上直接靈修的事實見證，而這些也是超越邏輯推理的部分，並為心與眼所成就。

千卓拉（馬來西亞JUST主席）：
我們必須從改變自己的態度開始，革除不好的習慣與負面的態度，變成一個比較好的人。

阿密（INSAF機構主席）：
很多人在年輕的時候都想改變這世界，到老的時候才發現世界改變不了，只好改變自己。所以，我們何不一開始就先改變自己，到老的時候自然將發現，這個世界因為您的一份努力而有了改變！

釋心道（世界宗教博物館創辦人）：
唯有心靈，可以讓物質、權力、欲望的負面能量消融；唯有宗教，能夠開解人類因貪、瞋、痴所引發的地球生存危機。

大衛安東尼

　　佛教始於基督教起源之前約五百年左右的時間，而伊斯蘭教的起源則在基督教後約六百年左右，兩者之間相距約有千年之久。這兩個宗教經歷過歷史長久的變化後，保存下來了。

　　亞洲是這兩個宗教的搖籃。今日的亞洲與宗教萌芽時期的景況大相逕庭，所謂的全球化，帶來了各種不同的發展，科學與科技開創了通訊、農業、醫藥及其它領域上的新視野，這些變化對全球市場都產生了重大的影響。今晚我們的主題是這兩種宗教在面臨全球化對亞洲的衝擊時，應該如何回應？

釋心道

　　半個月前，我去到印尼，印尼是個回教國家，有許多不同的種族在這個國家裡共同生活。但是，最近幾年印尼時常發生「種族衝突」許多生活富裕的人被當地居民洗劫一空。我們去了之後經過深入瞭解，發現到「種族衝突」只是表相，經濟發展造成的貧富不均，才是問題的核心！

宗教與信仰是人類良善的根源

　　當地有個信奉佛教的青年人問我：「為什麼我們會有各種層出不窮的問題政治黑金、經濟不平等……這是因為信仰不同的宗教所造成的嗎？」我告訴他：「這些問題全世界都有，我們既然身在這裡就有責任改善它，宗教信仰本身不是問題。」

　　印尼萬隆的弟子也說：「每次哪裡鬧災荒，我們就到災區去救濟災民。幾次的種族衝突事件裡我們發現到，因為平時付出的慈悲與關懷，不管情勢改變或暴動發生，我們的安全都會受到維護。」

　　來到大馬短短幾天內，我們拜會了伊斯蘭教的幾個教育機構與清真寺，見到了許多位伊斯蘭教育與宗教交流的領導人，他們的個人人格與談話內容都很讓人感動、敬佩。

拜訪馬來西亞回教大學時，校長哈森先生分享他長年推動多元文化教育的經驗，說道：「一個真正深入自己信仰的人，一定是一個寬容、和平的人，同時也會尊重他人的信仰。知識只是用來服務真主的工具，在學習各種知識的同時，更必須深入體驗自己的信仰。」

　　「宗教交流心靈聯誼會」（INSAF）主席阿密博士曾提出一個很好的比喻：「很多人，在年輕時都想改變這個世界，到了老年才發現世界改變不了，只好改變自己。我們為什麼不一開始就先改變自己，等我們年老時自然會發現，世界因我們的一份努力而有了改變！」

　　走遍世界，我們發現：因為宗教團體彼此交流、產生共存共榮的共識，對地球家所有的人類來說，是這個世紀最珍貴的心靈福音！

伊斯蘭教的良善

　　「伊斯蘭」這個字的本身，就我所知，就是「藉著歸順、服從真主，而達到與祂同在的平安狀態。」在實踐伊斯蘭教義之中，有讓個人藉著念真言、祈禱、齋戒、朝聖達到生活簡樸、歸順真主的體會印證，還能用慈善來圓滿整體社群的互動。伊斯蘭，就是藉著這幾樣功課與儀式，完整地將宗教具體實踐於生活中，時時提醒自己與真主同在，這就是所謂的五功。

　　關於伊斯蘭教的價值觀《古蘭經》裡講到，有個信徒因為母親死了，向穆罕默德哭訴：「為了讓母親靈魂有好的去處，我該做什麼最好的布施呢？」想到沙漠環境的熱度，先知回答說：「為她挖口井，讓乾渴的人們有水喝。」讓更多的人免於受苦，是最好的布施與供養，這也顯現伊斯蘭的生存價值觀。

佛教的簡樸慈悲

　　以佛教來說有幾點特質可以提供人類建立新世紀的心靈文明。
　　在個人生活上，注重生活簡樸，以生活的簡樸、自然，來對治現

代人過度耗費、物質享樂的習氣；同時由觀察無一個不變的「自我」放下執著煩惱，印證生命真理，讓苦惱不藥而癒；並強調尊重生命，慈悲一切，因為每個生命的存在，對全部的生命，都深具影響與重要性；最後，常懷感恩之心，因為基因科學的發現，證明生命組成的次序，需要以善的心念複製正因，成就宇宙善的循環。佛教《華嚴經》的宇宙觀就是談「生命整存」的學習與分享，能打開面對世界的智慧與心量。

亞洲新世紀文明的發展方向

以全球發展來看，人類近代文明過於著重物質科技，為牟取暴利，不惜破壞生態，後遺症至今仍無法彌補；我們正在透支維繫地球家子孫生存的有限資源！經濟的貧富不均，更引發種族衝突、宗教對立；尤其有許多落後國家，政治往往利用種族、宗教來達到私人的目的。物質文明的過度追求無法達成人類永續生存的希望。當今許多觀察家都認為亞太地區是21世紀文明發展的重鎮；而人類心靈文明的起源，也幾乎都來自於亞洲。

馬來西亞在東南亞算是很進步的國家，因為領導人的明智，現實情勢雖然惡劣也還能撐得住，這是很難得的。但是除了經濟的發展之外，我們仍覺得宗教的心靈力量是很重要的，它可以幫助整個社會、政治和經濟發展達到平衡。尤其大馬是個多元種族、宗教的國家，我們應讓彼此公平地共存共榮，以開展靈性文明的大愛。

唯有心靈，可以讓物質、權力、欲望的力量消融；唯有宗教，能夠解開人類因為貪、瞋、痴所引發的地球生存危機；唯有提倡心靈文明，能夠引領人類實踐生命共存共榮的理想。在此轉捩點上，21世紀亞洲文明的發展重心及走向，更應慎重選擇，帶領人類的文明重新回歸心靈的本源。

推動全球倫理的建構

身處資訊時代，宗教人應該如何解決媒體氾濫所帶來的負面影響？當今道德倫理的淪喪，就有待各宗教緊密合作，推展符合多元文化時代的宗教教育！1999年南非開普敦「第三屆世界宗教領袖會議」中，全球近七千位宗教代表與會，我們就曾共同協議，以「不殺、不盜、不邪淫、不妄語」四項，擬定爲各宗教共同推展的全球倫理。

身爲宗教人士，我們必須走出門戶、分享交流，突破本位主義的封閉觀念，共同尋求走出時代困境的出路，眞正拿出力量，爲維護地球家的共存共榮而努力！

大衛安東尼

心道法師談到他的參訪經驗與對印尼種族問題的觀察，並認爲這些問題多起因於經濟政治的失衡，而非宗教本身的問題。相異是存在且必要的，宗教應能教化信徒使其對自己信仰的宗教有更多瞭解，才能讓人尊重其他宗教，也才能喚來和平。心道法師更呼籲我們在改變世界之前，應先自我改變，宗教間的相同點基本上是多於相異處。

伊斯蘭教教導我們「念功」「禮功」「齋功」「課功」「朝功」等五功；佛教徒則示範生活的簡樸、無我的觀照、尊重生命、常懷感恩。我們應該專注於對不同宗教與文化的關注，但是當務之急是創造更穩定、公平的經濟環境，讓人們在正義與公理之間存活。

在全球發展過程當中，開發進度較慢的國家，不只在經濟上日益仰賴西方國家，西方世界挾經濟力量所帶來的文化侵略，更造成落後地區與國家在自我文化認同上產生矛盾，面對經濟全球化、文化同質化的危機，我們應將焦點集中在亞洲心靈文明的建設，與科技發展物質文明並進，透過靈修戰勝物質化的危機。

鄔斯塔斯

　　宗教，是以慈悲心去包容問題，並以靈性的修行為生活本質。因此，信仰的靈性知覺，是宗教上直接靈修的實際見證，這是超越邏輯理性的部分，是心的成就，然而在經濟全球化的今日卻遇到了危機。

宗教面對經濟全球化的危機

　　這個時代的全球化，是另一種形式的殖民化。伊斯蘭世界的生活中所遭遇到的問題，是靈性價值的逐漸消失，包括道德價值的減弱衰退、紀律的淪喪、對弟兄同胞的慈悲泯滅，即使同為伊斯蘭教徒，在諸多情況下和諧關係都消失了。另一個層面，我們看到的是全球資本主義的盛行，經濟全球化的負面影響，讓人滿腦子都是錢與貪婪，甚至修行人也受到影響。

　　經濟全球化、全球消費主義興起的結果是，每個人都喝一樣的可口可樂、吃相同的肯德基炸雞、穿一樣的牛仔褲，而這些都是來自山姆大叔（Uncle Sam）—— 美國。另外，西方媒體的虛華浮誇，讓娛樂偶像化，幾乎人人都愛麥可傑克森、辛蒂克勞馥，駕車有如閃電快車手……亞洲文化中良善的性格典範、學習精神完全忘失，學者、聖人、精神領袖的嚴守紀律、純潔道德，這些傳統美德在年輕一代已經消失殆盡，這個問題超越了宗教衝突的危機！

價值觀的重新建構

　　我們該如何解決這些問題？首先必須重新維護傳統的價值觀。正如我們敬愛的心道法師所說：如何讓我們的青年可免於虛華、膚淺表象的西化以及反靈性的、貪婪的、金錢唯物的習氣。我並非一昧的反對西方，只是提醒大家應該以靈性、知性的觀點出發，尋求心靈力量徹底解決問題。

我並不是要大家拒絕可口可樂，如果您想喝，請便；若您想看瑪丹娜，這是您的選擇；用電腦，可以，當然身處資訊時代，我們都不可能不去運用科學與科技。但不能忘本！不能一頭栽進科技領域卻忘了生命本質！現實生活必需與人群、自然、歷史、美學、文明有所交集，莫讓自己迷失在比爾蓋茲手中。

　　身為伊斯蘭教徒，談到伊斯蘭傳統，我想表達的是：我們得向阿拉告解一件事，究竟我們遭遇了什麼問題？如何讓年輕的一代，瞭解什麼是倫理道德的規範？如何解決受到以西方為中心主導的市場經濟所產生的問題？因為價值觀的改變與淪喪已讓亞洲的經濟、傳統文化、倫理價值蕩然無存，連傳統服飾都不復存在。

　　不久前，李光耀先生也提到這點，許多國家放棄傳統文化、服飾，改穿西方商人的西服套裝；雖然李先生自己似乎也總穿這種套裝。人們喜歡穿的和美國總統布希一般，倘若穿上傳統服飾，就自覺矮了一截。為什麼呢？到底哪裡錯了？我們口口聲聲倡導文化的多元性，但另一方面，我們所做、所學的，卻將文化單一化。當然，年輕一代自然也穿著和西方一樣的套裝了。

彼此尊重　共創和平

　　各位！除了彼此對話，我們更應與其他人對話！瞭解靈性，必須先知道什麼是靈性。靈性的本質是什麼？我們的「心」又是什麼呢？如何轉換利己主義的力量？在此，我們真的必須團結一致，在瞭解西方之餘，復興亞洲文化，將南非會議中認同的價值觀——不殺、不盜、不邪淫、不妄語，散播至全世界。

　　我想提出一位大師沙哈那（Saharan Alvin）的建議：「在我們彼此同意的事情上，互相合作；無法達成共識的，彼此尊重；放棄戰爭，創造和平的文化。」我們應透過討論，解決問題、瞭解原則，保守我們的靈性，並尊重佛教徒的靈修隱私權；而佛教徒也應尊重伊斯蘭教徒的靈修隱私權。

魏嘉亞

在許多宗教論壇裡，佛教徒和伊斯蘭教徒雖已曾聚會，今天卻是我們首度彼此見面。早在西元10世紀時的阿富汗，回教、佛教便有許多貿易往來，而且這樣友善的貿易關係，一直延續到西元12、13世紀。知識層面上，伊斯蘭世界中有位偉大作家艾爾夏瑞坦，在西元12世紀左右所寫的《國家與信仰》非常精確詳盡地描述大乘佛教。所以，伊斯蘭教並非對佛教一無所知。近代，奧夫夏拉比教授也曾翻譯連許多佛教徒都不懂的「阿毗達摩」我覺得這是很棒的事，也顯示伊斯蘭教徒一直對佛教徒的靈修深感興趣。

尤其在馬來西亞，佛教徒和伊斯蘭教徒一直相處無礙。在西元3世紀時，因為貿易往來，大馬已有許多的印度教與佛教徒。即使當伊斯蘭教傳入，甚至變成國教時，佛教徒與印度教徒仍然和睦共處。就某個層面而言，我們從不需要正式的對話，因為彼此一向和睦相處。

但是今天在此聚會我們正襟危坐的討論，即使少了可口可樂，身為佛教徒與伊斯蘭教徒所面臨的問題又是什麼呢？基督教會似乎是個前例，第二次梵諦岡大會時，天主教與基督教弟兄便已開始與彼此及其它宗教對話。在馬來西亞就我所知，天主教會也努力與其它宗教交流，我們都參與不少。

我先回應鄔斯塔斯方才所提的，對談時，我們需要明白什麼是我們可談的。我很感激他所提到的「隱私權」—— 特別是靈性教條上的。比如說，您相信神嗎？相信靈魂嗎？相信有來生嗎？這些都是很不同的，是應該被尊重的部分。

宗教的核心　就是正義與公理

所有宗教都有個核心，我們可以將之稱為「正義與公理」這是人類道德所在，也是今天鄔斯塔斯及心道法師所說「共同擁有的道德價值」這些是我們可以對話，而且進一步應思索，如何把它轉化成

我們的國家文化。我們可以在維持個別的認同、尊重彼此的隱私下，發展共同的理念──「正義與公理」的文化。

如同心道法師所提到的原則，對所有的宗教而言都不陌生，特別是佛教與伊斯蘭教徒。人，生而平等，伊斯蘭教和佛教都沒有階級制度。佛陀曾說：「河流縱多，當注入海洋，嘗起來只有一種味道──鹹味。」有句很美的梵語格言說：「真理是唯一的。」我們必須瞭解，真理，只有一個。

伊斯蘭教與佛教有許多同質性

佛教與伊斯蘭教徒共同對地球環境的關心，應緊密合作；對於人的平等，我們也十分重視，必須為共同的未來不斷努力。一般人都誤以為佛教徒只待在樹下靜坐，其實像心道法師本身就相當具有行動力，這點也是佛教徒重要的特性。至於物質的追求能帶來多少快樂，我們也相當懷疑。近年來有越來越多的人藉著靈修與宗教，來平衡過度追求物質所帶來的空虛，這是不可否認的事實。在言行舉止上，伊斯蘭教和佛教都以「簡約」為前提。

最後，關於資訊與媒體是我們尚未趕上的，但我們似乎太重視現今電子媒體與報章雜誌所報導的訊息。佛教有句話說：「看透事物的本來面目」我想我們應該團結，組成一個屬於伊斯蘭教或佛教的CNN。

千卓拉・穆札法

聽聞心道法師以佛教徒的身分，發願跨宗教信仰所做的一切，相信他將因此留名於世。也希望法師來此所看到的馬來西亞，是個多元宗教與種族和諧共處的社會，即使人們的宗教背景不同，卻能長久快樂地共同生活。

伊斯蘭教和佛教是亞洲最大的兩個宗教，在西亞、中亞、南亞和東南亞有數百萬伊斯蘭教徒，而數百萬的佛教徒則分佈在中國、日本、韓國、台灣、東南亞及亞洲其他地區。您能想像嗎？當我們秉

持共有的價值觀，共同努力打造新願景時，我們將造就什麼樣的新世界？希望這次對談能達到這樣的目的。

過去以來，有許多伊斯蘭教的學者們留下佛教的著述研究，在西元十世紀左右，伊賓阿南迪（Ibis Ana dib）依個人與佛教徒接觸的經驗論述了佛教的本質；西元11世紀，偉大的艾爾比魯迪（Al Birdie）可以說是首位以科學的方法研究不同宗教，試圖瞭解佛教靈性修持法，並為文論述的伊斯蘭教徒；西元12世紀，也有著作論述佛教的價值觀與修持。這些歷史，都是馬來西亞的穆斯林與佛教徒皆需謹記的，因為這是過去學者們試圖建立跨越宗教的溝通橋樑，我們在多元宗教社會裡所當做的，應是持續建立與維繫這樣的橋樑。即使今日，伊斯蘭與佛教間依然保持著良好的關係。

以印尼為例，印尼是世界上最多伊斯蘭教徒的國家，但是佛教是被當局正式認可的宗教之一。佛教最偉大的建築之一 —— 婆羅浮屠（Borobudur）也受到律法保護，因為伊斯蘭教義教導我們要保護敬拜神的地方。在馬來西亞，我們有許多佛寺、寶塔，佛教徒即便屬於少數族群，仍享有禮拜的自由。再者，泰國雖是擁有多數佛教徒的國家，我們也可發現許多漂亮的清真寺，在泰國南部甚至有伊斯蘭教的專屬學校、老師，最近更有伊斯蘭教徒擔任內閣發言人、外交部長等要職。這都在在顯示著，居住於亞洲的伊斯蘭教與佛教之間關係良好。

伊斯蘭 v.s 佛教的矛盾與機遇

但不可否認的，我們必須同時面對一些問題的產生，其中有兩個明顯例子。

第一個例子是2001年阿富汗塔利班政權摧毀佛教神像，這是伊斯蘭教徒對其他信仰所做出前所未有的舉動。這是錯誤的！摧毀佛教徒的神龕、佛像不是伊斯蘭教徒應該做出的行為。這是由伊斯蘭教徒惹出來的事端，卻並非代表伊斯蘭教，塔利班政權如此極端的行

動，是違反伊斯蘭教義的，即使塔利班於1996年至2001年間執掌政權，在超過54個伊斯蘭教國家中，也只有三個國家承認其合法政權，也就是說塔利班並無法代表伊斯蘭教政權。這個例子正說明一件事：當你反對其他宗教信仰，成為一極端主義者，並對其他宗教展開破壞與侵犯時，其他宗教就會遭殃。

第二個例子是：在柬埔寨的卡瑪路奇政權領導下，人們雖自詡為佛教徒，卻做盡違背佛教教義的事，卡瑪路奇的領導者傷害了所有的宗教信仰，柬埔寨的穆斯林受到災殃，清真寺也被破壞，就連佛教禪宗也無法倖免。然而，伊斯蘭教徒、佛教徒或其它宗教教徒都明白，卡瑪路奇等人的作為並不符合佛教教義。無論如何我們應該謹記在心，伊斯蘭教和佛教徒一直以來都保持著友好關係，彼此互相包容，矛盾和衝突只是少數和特例。但僅有包容就足夠嗎？或者我們還能多做些什麼？這便是我們面臨的挑戰！

我們必須依循兩個宗教，及其它宗教的美好教義為基礎，創造一個新亞洲。宗教美好的價值觀與教義應該如何運用？使各個教徒的後代子孫都能從中受益，進而過著更美好的日子。這樣的說法，似乎暗示著目前的亞洲不夠美好，事實上也的確如此。

環顧亞洲，您或許已經發現有許多成長，無論在教育，醫療及基本生活所需各方面。然而亞洲仍有許多貧窮現象，這是不對的。從伊斯蘭教或佛教的觀點而言，亞洲的貧窮現象嚴重，貧富間的差距也越來越大，這不是我們能夠感到驕傲的，在亞洲部分區域開始過度強調財富，一些腐敗的現象開始在亞洲出現，貪婪隨處可見，社區團體彼此仇恨、互相猜疑，道義及互信眼看就要無所存續，這些都違反了我們伊斯蘭教的宗教教義。

重建新亞洲　1＋2＋7＝10　圓滿

我們必須重建新亞洲。我們必須依據宗教精神、價值觀及教義為

基礎，共同思索如何重建新亞洲。重建新亞洲可以從我所謂的「1＋2＋7方案」為起點開始做。

一就是一個基本原則：一個伊斯蘭教徒、佛教徒、基督教徒、印度教徒、耆那教徒、錫克教徒等等皆可認同的神性基本原則，超越我們所能理解的一些事物，告訴我們為何我們會在此？生命的意義為何？這即是我所謂的神性的基本原則。這可以讓我們團結在一起，我們可以各自以不同的名稱來稱呼，但原則是一樣的，而這對於全人類的生活是很重要的。

二就是兩種非常重要的價值觀：兩種被伊斯蘭教徒與佛教徒以不同方式強調的基本價值觀——正義與公理。對伊斯蘭教徒來說一個好的社會，若是缺乏正義與公理，其餘都無須多談。正義與公理是重建新亞洲所不可或缺的，正義與公理是很重要的價值觀。這是伊斯蘭教徒極力推崇並堅守的理念。佛教與伊斯蘭教這兩個宗教都十分重視正義與公理，同時兩者也強調另一個基本價值觀——慈悲。

慈悲，就是關懷他人。在座各位佛教或非伊斯蘭教的朋友們，伊斯蘭教《古蘭經》中為利益眾生，每一章節皆以主的慈悲言語開始的，所以伊斯蘭教徒十分強調慈悲。如眾所知，慈悲是佛教中很重要的教義，佛陀是以慈悲聞名，我們應該以共同的價值觀為基礎進行合作，依循這兩種價值觀，我們可以發展出七項指導原則。

七就是七項指導原則：第一、兩宗教皆相信必須與環境和諧共處，伊斯蘭教是相當重視環境的，絕不可破壞環境，否則終將自食惡果，而這也是佛教的教義；第二、兩宗教都強調要有快樂的家庭，家庭中一定要有愛、關懷與尊重；第三、伊斯蘭教和佛教都相信團體的凝聚力，因為有團體才有我們，我們必須團結、整合；第四、兩宗教皆注重具道德感的領導，領導者必須以道德為基礎，並非僅止於教育背景、職稱、長相，最重要的是道德品質；第五、兩宗教都相信經濟倫理，在佛教中有這樣的概念，伊斯蘭教也強調其重要性；第六、我們都認同文化應該發展出特色。當今文化缺乏特

色，方才，鄔斯塔斯和魏嘉亞都提過了，我也無需於此再大肆韃伐可口可樂，各位應當知道我的意思，直接的感官刺激，表面膚淺的品味是當代文化的一部分，可是佛教和伊斯蘭教都是擁有特色的宗教，對於文化而言這是重要的；第七、兩宗教皆十分重視在不同宗教團體中的人際和諧關係。佛教與伊斯蘭教皆是十分注重跨種族的和諧。

當您將一加二加七時，將得到十圓滿，這並不難記住，這是兩個團體關係的建立與加強的方案。我們是否能夠做到呢？我個人認為非常的困難！因為全球制度，整個世界，我們所賴以維生而無可逃避的世界，強調的是消費主義、物質主義、權力追逐與貪婪，這些是我們逃也逃不開的事實。

戕害世界的「三C資本主義」

影響我們意識型態的我將之稱為「三C資本主義」哪三C呢？一者，企業體（Corporate），因為世界正被同一個企業體所掌控；二者，賭場（Casino）因為世界充滿了投機，而投機資本對現代經濟而言是重要的。如果您能注意到現代經濟的金錢流向，將會發現其基礎在於投機。數百億的金錢，在一天之中，光是投機的資金流通就達1.5兆，您知道哪裡是賭錢的地方？匯率即為其一。想想，一天1.5兆美金！所以，我將之稱為賭場資本主義。而第三個C則是消費者主義（Consumerism）所有的一切都受到消費主義驅策，生命中最重要的事情便是逛街購物。

我昨晚由香港回來，很驚訝的看到許多馬來西亞的同胞，他們的手中拎滿了購物袋，因為在中國，甚至香港，可以買到一些很便宜的東西。這樣的情形也同時發生在世界各地而且成為一股風尚，甚至還有句流行語：「瘋狂購物，至死方休。」這是一種心性並且已經變成一種主流，而這樣的心性很難發展出我們理想中的社會。我想喚起大家的注意，過去數個月以來，這樣的全球資本主義體制漸

趨明顯，而這樣的一個體系正受到某一個超級強權國家武力的捍衛。他們所做的就是一步一步慢慢地控制亞洲。

西方強權對亞洲的鯨吞蠶食

1991年，波斯灣戰爭之後，他們掌握了西亞部分的控制權，在阿富汗戰役之後，他們則掌控了阿富汗及部分中亞、哈薩克、烏茲別克等，他們喜歡以「對抗恐怖主義」為名發動戰爭，現在他們更是深入到菲律賓。如各位所知，他們現在正位於菲律賓的南方！這與我們今晚所討論的部分主題是相關的。許多伊斯蘭教國家正逐漸受到這個強權——也就是美國的侵入與掌控，而美國強權的目標之一當然包括中國。

美國意圖染指中國，是毫無疑問的，有些美國領導人就曾經公開表示過這個目的，因為他們擔心未來的中國成長壯大。伊斯蘭教國家是美國控制的目標，中國亦然。中國當然是其目標，美國正以環繞的形式包圍中國。當其控制中亞，也等於控制了中國的西域，從菲律賓延伸，便可於海上控制中國，這是美國一個長期的渴望，卻是不對的、不好的想法！我們必須注意到這樣的情形，並且進一步的去瞭解最新情況。這是無法在一夜之間改變的事實，這需要我們長期的努力。

從改變自己做起

從現在開始我們必須一起建設新亞洲，讓我們共同享有自由與獨立的國度，當我們的同胞獲得了自由與獨立之後才能擁有正義、公理與慈悲。我們可以由自身做起，就像心道法師一直持續不斷所做的，不論是設立博物館或是學校，這些都是重要的。甚至，我們個人生活的部分，都可以有許多改進地方，馬來西亞是有許多的壞習慣必須要被革除，比如，不隨處丟棄垃圾，並學習保護環境。另一

項必須革除的，就是維持廁所的清潔，這些都是環境的維護，諸如此類的事都是我們必須做到的。

　　我們也可以強化我們的家庭，就如同學院一般，我們可以與鄰居保持友好關係，特別是敦睦來自不同區域或不同團體的鄰居，實際上我們不需花費太多的力氣，就從個人能力所及的事情做起。每個人都可以對這個世界有所貢獻，進而改變這個世界，即使是做些小事，如幫忙照料環境、家庭、鄰居等等，最重要的是我們都必須從改變自己的態度開始做起，我們必須革除不好的習慣和負面的態度，變成一個比較好的人，因為佛教與伊斯蘭教兩者都有一個非常重要的信仰——除非您已準備好自我改變，否則，您是不可能改變這個世界的。

（全文摘錄整理於 2002年5月11日「回佛對談」 于 馬來西亞 吉隆坡）

靈性全球化

與談者

哈比伯・丘寧（M. Habib Chirzin）：伊斯蘭千禧年論壇（Islamic Millennium Forum）會長、聯合國教科文組織宗教研究專員，為一佛教學者。

蘇拉克・西伐洛克沙（Sulak Sivaraksa）：1933年於泰國曼谷誕生，泰國著名批評與激進分子，曾獲得兩次諾貝爾和平獎提名，為1995年諾貝爾正義生活獎（The Right Livelihood Award）得主。

千卓拉・穆札法（Chandra Muzaffar）：馬來西亞回教意見領袖，「公義世界國際運動協會」（International Movement for a Just World）主席，為推展民主運動早年數度被捕入獄。著作等身，其中《全球化－亞太地區之宗教傳統觀點與經驗》極受各界重視。

大衛・恰沛爾（David Chappell）：夏威夷大學榮譽退職佛教與比較宗教教授，曾於1981-1995年擔任佛教與基督教研究學術期刊創始編輯，於1988年為佛教與基督教社會研究機構合辦人，並於1993-1995年成為該機構總裁。

釋心道（Dharma Master Hsin Tao）：靈鷲山無生道場開山住持，世界宗教博物館創辦人，愛與和平地球家創辦人。2002年3月於美國紐約哥倫比亞大學，舉辦首場回佛對談。

主持人

伍夫更・史密德（Wolfgang R. Schmidt）：德國普世夥伴協會（Worldwide Ecumenical Partnership）會長，基督教牧師，曾旅居印尼20年。

〈編按：內文中所有與談者皆使用習慣性稱謂，不再冠以全名及全銜〉

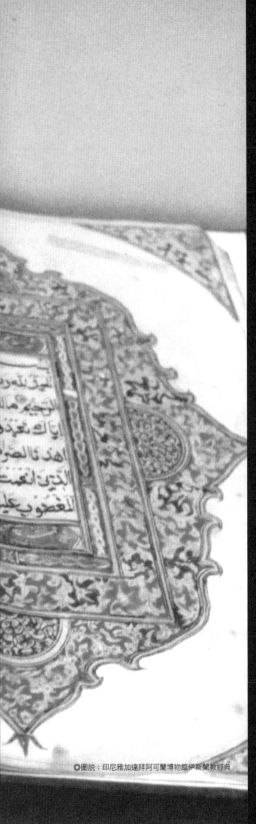

◎圖說：印尼雅加達拜阿可蘭博物館伊斯蘭教經典

心聲迴音

雅加達

◎心道 法師

◎蘇拉克 會長

◎哈比伯 會長

◎大衛 前總裁

◎與會者

蘇拉克 （泰國國際入世佛教網會長）：
做一個好的佛教徒，有時候你必須非常堅強，堅強到去挑戰全世界，慈悲的、無暴力的去做挑戰！

大衛（佛教與基督教社會研究機構前總裁）：
互相瞭解很重要，但必需帶著拯救受難者的基本動機。

千卓拉（馬來西亞公義世界國際運動協會會長）：
如果我們用團結合作而成就某件事，那麼人們會開始用不同的眼光看待宗教，那是我們必須要做的事！宗教不只是廟宇、教堂而已。

伍夫更（德國普世夥伴協會會長）：
靈性，在世界每個角落都是最最最重要的議題，但這不是命令，如果我們想要尋找世界的新模式，除了用腦袋和理性，還必須加上我們的靈性。

哈比伯（伊斯蘭千禧年論壇會長）：
靈性、宗教將重返世俗化，我們歡慶這個關於愛與和平、憐憫與互助的靈性。

釋心道（世界宗教博物館創辦人）：
我們積極的到世界各地去參與會議，去傾聽、去瞭解、去分享資訊，去發掘我們能為這個世界做什麼。

伍夫更・史密德

禱告詞

奉最慈悲、最仁慈的主之名。正義(rightness)不是把你的臉轉向東方或西方，而是應該相信上帝和最後的審判、天使和先知，並因爲愛祂而放棄自我意志，幫助新生兒、孤兒、有需要的人、乞丐和窮人實現他們的願望。致力解放受控制的人、照顧在絕望和悲傷之中的病人，並且總是不停地禱告。這些人才是眞實對待自己的人，這些人才是遠離邪惡的人。

奉最慈悲最仁慈的主之名。噢，你們人類，我把你們創造成男人與女人、創造出你們可以彼此認識的部落與家庭。主當然是你們最尊貴的、最關心，主是無所不知的(Surely the most Honorable of you is the Lord, the one among you who is the most careful, surely the Lord is whole awareness)。阿門。

21世紀是靈性的世紀

哈比伯・丘寧

我們即將討論的是一個全球皆知的新現象：「靈性」和「宗教」重返世俗化的世界。Ajarn Sulak提到21世紀將是靈性的世紀。容我引述《意識形態的終結》(The End of Ideology)一書的作者丹尼雷・貝爾的話：「21世紀是宗教的世紀」；《世俗之城》(The Secular City)的作者哈維・喀什（Harvey Cox）在他最近的著作中也提到，宗教已投入世俗之城。我們歡慶這個關於愛、和平、憐憫與互助的靈性，希望大家把重心放在維護人類安全的新合作關係上。我們不再只是關心自己國家的安全，我們也關心人們每天的安全。人類安全至少要由三件事組成。

第一件是自由，包括參與政治活動的自由，它代表著人道。個

人、政治、公民的權利以及文化、社會和經濟的權利，皆須得到完全的認可；第二件是生存，每個小孩和母親都有生存的權利，母親可以扶養小孩，年輕人和老年人可以享受生命。如同千卓拉‧穆札法（Chandra Muzaffar）所提到的，年輕人有歡樂的權利。那麼老年人也有生存和歡樂的權利。第三件是福祉，指的是社會、經濟與健康、醫療，這些基本的生活條件都應該提供給所有的人，特別是女人與兒童，因為他們最容易受到戰爭衝突和政治腐化的影響。

希望我們能把注意力集中在「靈性」和「人類生存」這兩件事情上，開始研究一起合作保存宗教聖地和共同文化的可能性，這些都是豐富我們生命和生而為人的根源。

伍夫更‧史密德

現今世界的絕望景象，讓所有的人聯合起來找尋一個更好的世界。靈性在世界每個角落都是最最重要的議題，但這不是命令，如果我們想要尋找世界的新模式，除了用腦袋和理性，還必須增加我們靈性的面向。第一階段，我們討論「靈性」這個議題；第二階段討論「全球化」的議題；第三階段則集中在「教育」的討論；最後我們要談談的是「未來的合作」。

大衛‧恰沛爾

阿彌陀佛，這是歷史性的一刻，我們知道過去佛教徒和穆斯林時常對話，回佛之間的合作已有幾世紀，但特別的是，這是有史以來第一次佛教徒與回教徒在一起制定計劃。過去我們總是限於個人行動，這次佛教徒與伊斯蘭教徒的聚會不僅是我們生命中一件有趣的事，它同時也表示宗教團體彼此間的關係產生變化。

不同的宗教應該對話

在過去，宗教團體彼此競爭，而非互相合作。每次我聽到《古蘭

經》的句子：「我創造你們成為部落和國家，讓你們可以彼此學習。」這是非常先知的，因為過去的人類社會，都自成部落和國家，彼此爭戰。但是，依據《古蘭經》的說法：我們是被創造成部落和國家、佛教徒與回教徒的群體，我們彼此必須互相學習。這是一個新的經驗，亦是《古蘭經》的實現。

在我八歲的時候，有了第一次宗教對談經驗。我的一位小愛爾蘭天主教朋友對我說：「天主教徒上天堂，新教徒下地獄。」我沒有反駁，他當時也才八歲大，他如何知道所有天主教徒上天堂？新教徒會下地獄？我認為他會這麼說並不是因為他瞭解，他會有這樣的想法是因為他的父母這樣說，他們的父母之所以如此說，是因為天主教徒和新教徒之間有鬥爭、甚至戰爭。

在加拿大，我們有所謂的「奧倫治走廊」（Orange Halls），這是關於奧倫治公爵的政治歷史，他非常反對天主教、反對教皇。因為教皇是跟政治相連，天主教徒和新教徒為了政治勢力而爭吵，宗教常常涉及政治競爭和政治權力。現在，我們齊聚在印尼開會，這裡是以「五戒」（Pancasila）作為制憲的基礎，這讓我非常感動。在印尼，為了幫助國家團結與社會發展，已經可以找到包容宗教社團的方法，這不是競爭的形式，而是以合作的方式。

對談是什麼？我們又要談什麼？雖然我們都是代表團體參加，但是對談只發生在人與人之間，團體無法互相交談。從過去十年的宗教對談，我們瞭解到一件事，當代表一個團體時，我們就不應該說話，因為我們只能說出自己的宗教經驗，這個差別是很重要的。對談時，我們必須對自己的言論負責，對談時，「我」這個字眼的使用是很重要的，這是來自個人的經驗。

宗教對話的最佳形式

當我開著車行經雅加達的路上，我看到了種族衝突的惡果，一些華人的房子被燒毀，我知道過去一直有衝突發生。如果華人和印尼

人可以在印尼當地一起舉行會議，那種對談將是他們前所未有的經驗，那將會是非常可貴而且令人驕傲的。在紐約的那次對談，除了世界宗教博物館之外，沒有其他的團體贊助。紐約對談的主題，在神學、信仰、宗教習慣、沈思、禱告和宗教生活方面說來，全都是經由參與者的個人經驗來完成的。

我發現，在對談中，有些人是帶著頭腦來，有些人帶著心來，有些人是帶著手來。換言之，有些人非常關心我們應該用雙手征服不公、克服痛苦；而那些帶著心來的人則關心如何使我們的生活和諧？如何進行禱告和沈思？如何發展內心平安？如何丟掉自私與恐懼？第三群人則帶著頭腦來嘗試瞭解佛教和伊斯蘭教。

最佳的對談型式應該是──所有與會者都帶著我們的頭腦、心和手一起來參加。紐約對談的議題：「社會正義」「全球化」「貧窮問題」和世界面臨最大的「經濟全球化威脅」都未曾出現在紐約對談的內容中。既然我們今天是在雅加達召開會議的，那麼似乎就無法不去討論到「正義」的議題。互相瞭解彼此很重要，但是必須帶有拯救受難者的基本動機。我們必須珍惜彼此成為獨立的個人。我們的頭腦需要新的願景、我們的心需要新的回應，我們需要以我們的雙手做事。

千卓拉・穆札法
我簡單的用五點來說明馬來西亞對談的議題。

經驗分享：馬來西亞回佛對談

第一點：
2002年5月初與心道法師和其他的佛教徒，在馬來西亞舉辦對談時，我們發現到我們對彼此有許多的不瞭解，那次對談的最大成就是──讓我們知道自己的無知。

我們不知道彼此的歷史、共同擁有的價值觀與共同存在的方式。

我的組織是一個不限伊斯蘭教徒的多重宗教組織，因爲馬來西亞的對話，我們已經開始進行積極的對談。現在我們必須發展出一套瞭解其他文化和宗教的學校課程，爲了這個目的，我們還必須有效的利用媒體。爲了讓伊斯蘭教徒、佛教徒與其他教派之間能夠無礙的對談，我們必須動員國家社會組織。

我眞的非常高興心道法師，正打算設立世界宗教大學。這是非常重要的，我畢生投入教育，我知道一所大學的貢獻。一旦你有了一所具有名望的機構，就有可能發展出不同宗教間的研究。這會幫助人們更瞭解宗教，甚至可以讓宗教、學術界和社會團體串連和動員。成立一所宗教大學將不同於一般的大學，這不是有校園、學區限制的大學，是一所可以走出去到世界各地的大學，這是一個值得追求的理想。

第二點：

佛教徒和穆斯林在馬來西亞的對談也顯示「一起做事」的重要性。我們發現到，應該要共同打造一個計劃。心道法師的組織早在召開馬來西亞對談之前，就已經著手進行宗教聖地的保護計劃。而JUST——我的組織也成立了保護寺廟、教堂的全球活動。目的是要設立一個足以保護所有宗教聖地的聯合國國際條約，讓所有的政府共同簽署。

現在這兩個原本單向的努力，因爲馬來西亞的對談而結合。我們應該可以把合作的觀念延伸到其他領域。比如說，在阿富汗建抽水機。這個計劃同時關係到穆斯林與佛教徒。阿富汗的人民非常需要抽水機，在阿富汗只有13%的人口能取得乾淨的水。他們需要醫院和學校，其他國家像是印尼、馬來西亞、菲律賓和孟加拉也同時需要這些。如果宗教團體，伊斯蘭教徒、佛教徒、基督教徒和其他教派的人士，以宗教的名義，共同來從事這類計劃、共同合作，這樣不是很好嗎？或者是像杜絕藥物濫用、幫助當地無家可歸的人一起進行愛滋病防治等事宜，這些都是非常迫切需要的；如果因爲我們的團結合作而成就某件事情，那麼人們會開始用不同的眼光看待宗

教團體，那是我們必須要做的事！宗教不僅僅只是廟宇、教堂而已！在伊斯蘭教，整個世界就是一個禮拜的場所。我們所做的每一件動機純正的好事都是靈性的，因此我們必須延伸靈性的意義。

第三點：

容我建議，身為宗教團體，應該在我們自己所屬的社會相關議題上，採取共同的立場；對於政治腐化問題，採取共同的立場；對於濫用權力、對女性施暴、忽視小孩、貧窮、貧富不均……這些問題，都採取共同的立場。並且幫助人們更加瞭解我們的宗教。如果我們站出來，表明對所有事情的共同立場，這將會改變一般人對宗教團體的看法。

第四點：

超越國家立場，天主教教會已經領先推動此事，教廷站在最前線推動消除窮人的負債。我們應該集合眾人之力，加入並支持各種重要的國際問題。像是巴勒斯坦、伊拉克、西藏和斯里蘭卡。我們應該研究核子武器和太空軍事化的問題，因為這是對人類生存的一大威脅。這個威脅就像是1945年8月6日在廣島與長崎投下的原子彈一樣大。

美國布希政府將外太空軍事化的作為，將是對我們所有人類的一大挑戰，我們必須站在反對的立場。我們必須反對一個強權的大政府，反對它威脅我們自身安全以及人類和社群的完整。我們必須採取立場反對少數人主宰多數人，反對否定我們的權利、否定我們的尊嚴的強權。

第五點：

當我們以共同的精神價值、共同的道德倫理為名，一起做事的時候，是否應該為了和平組成一個聯盟？譬如說一個反對眼前新興黷武主義的全球聯盟。911之後的情況代表新興黷武主義，正在挑戰全世界的人。為了和平，我們必須團結在一起，組成一個國際聯盟。所有國家的人們必須站起來，反對政府花費數十億的經費在軍事上，反對他們推動軍事行動的方式，讓我們真正顯示我們可以一

起做一些事。我們是和平使者，我們闡明一個不同的世界，讓佛教徒和回教徒對世界和平做出實質的貢獻。或許當我們以和平的名義齊聚一堂，眞的可以爲全人類建立一個新的里程。

1955年舉辦了第三世界聯盟國家的第一次萬隆（Bandung）會議，50年後，在2005年將舉辦第二次的萬隆會議。如果第一次萬隆會議確立的是政治獨立和領土完整的原則，那麼第二次萬隆會議應該超越政治獨立和領土完整，以全人類的和平與正義爲目標。我們可以依照這個目標共同合作。今天聚在這裡，有來自佛教組織、伊斯蘭教組織和其他背景的人們，我們要發展新的道德倫理、創造一個正義、慈悲與人性的新世界，因爲那是宗教的意義，是對上帝忠心的表示。

蘇拉克・西伐洛克沙

這是佛教徒與回教徒的對談，但是，我們讓一個新教徒作爲我們的指導員（facilitator）你們知道爲什麼嗎？因爲我們相信那男孩說的：「天主教徒上天堂，新教徒下地獄。」爲了避免讓他下地獄，我們請他來當我們的指導員。我是個好孩子，我應該做指導員要我完成的事── 講重點。

對話之後需要積極行動

關於「靈性」大部分的人都誤解靈性，人們認爲靈性是循規蹈矩、對人慈愛、愛好和平與沈思。我想那只是靈性的一部分；同樣地，做一個佛教徒應該要循規蹈矩、對人慈愛，那也是靈性的一部分。要做一個好的佛教徒，有時候你必須非常堅強，堅強到去挑戰世界，以慈悲的、無暴力的方式去做挑戰。

現今的全球化是受到國際組織、超級強權的控制。從某方面看來，全球化代表著一個新的組織的形成。它表示少數幾個國家可以控制全世界，他們可以四處移動，取得便宜的勞力，透過廣告，銷

售任何他們想賣給我們的東西。全球化表示世界變成一個單一運作、系統銷售的體系。不幸地，大部分的宗教並沒有堅定地反對全球化，所以我認為，信奉宗教的人們，必須站起來、組織起來。特別是佛教徒，我們非常沒有組織。國際入世佛教網或許是唯一試著結合佛教徒投入社會、調查正義問題、看待和平問題的組織。我不認為只是來開個會，談一談而沒有行動，那不叫做靈性，這於我而言，叫做消極。

我們要在佛教徒、回教徒、基督教徒、印度教徒的傳統之下，藉由聚在一起展開議程來發揮靈性。我們的議程是，如何對抗世俗世界的暴力，因為世俗世界使得富人更富、窮人更窮，而且沒有人快樂！當然環境的破壞也是一個相關的議題。現在，如果我們相信這個世紀是個靈性的世紀，那麼我認為我們必須一起來完成對抗暴力。心道法師所做的努力，讓我感到滿心歡喜，還有同樣在做相同事務的人和組織，像是JUST、INEB、ACRT和其他許多人，我們需要擁有行動力的人，愈多愈好！

再來，我要談「未來的合作」我們需要未來的合作，分享意見和互相學習固然很好，但是如果沒有合作，那麼一切終究會過去。我們最好的合作方式是，支持我們的朋友正在做的好事，以這次對談為例，我們非常開心有機會、有能力贊助機票、提供場地。我們不止要行動還必須合作，未來的合作必須真的發生，讓我們共同面對問題，找出原因，並以非暴力的方式根除之。我們必須一起合作達成這個目標。

對話應該不斷進行

心道法師在紐約啟動佛教徒和回教徒的對談，接著轉向馬來西亞，現在來到了印尼。雅加達是世界上最大的回教國家的首都，在這裡舉行對談它的意義是非常重要的。這裡的穆斯林因為國家具有豐富的宗教遺產，但對於佛教和印度教是有偏見而且是不太願意接

受的。我們需要一個伊斯蘭教徒跟我們在一起，把訊息帶給那些不瞭解佛教、不認識其他文化或宗教的人們。

直至目前為止，心道法師已經在三個地方舉辦對談，下一個地點可能是在中東，他考慮到伊朗去。我贊成他的建議，為什麼呢？因為伊朗連同伊拉克和北韓，被布希政府直指為恐怖主義和邪惡的起因。布希先生一直在談恐怖主義的威脅，但是這種恐怖主義事實上是從美國開始的。美國911世貿中心被炸，死亡人數兩千餘人。而布希和柯林頓政府對伊拉克的封鎖，造成的是兩百萬兒童因缺乏醫藥和食物而死亡。歐布萊特（Albright，美國前國務卿）女士承認此事，但她說她沒有別的選擇。殺了兩百萬人，然後說你沒有別的選擇，而殺了三千人，你稱他們「恐怖份子」！

轟炸阿富汗，轟炸的理由是什麼呢？只因你認為伊拉克和伊朗是恐怖份子。身為佛教徒，我們應該到伊朗去，我們不是去跟布希先生打仗，但是我們想要告訴布希先生，改變世界有其他方式，不是只能打戰。布希先生說：「你若不是站在我們這邊，就表示你反對我們。」不，我們不是站在你那邊，但我們也不是反對你。我們只想讓你看看無暴力的社會、和平的社會、合作的社會。我想伊朗人會歡迎這個活動。

第二次萬隆會議的精神應該是合作、正義、憐憫和無暴力。在召開2005年的萬隆會議之前的對談應該在伊朗舉辦，帶著回教徒和佛教徒，或許還有其他教派的人，一起來談正義與和平。如果我們清楚地把這點放入議程，那麼每件事都是教育。對我而言，教育不是不重要，人們不光只是思考靈性，還要以靈性生活。我們應該特別鼓勵年輕的一代這麼做，我們應該禱告，禱告自己變得無私，這樣才能真正跟上帝聯結。

佛教所使用的字眼不盡相同，但對我們而言，深刻的沈思幫助我們變得比較不自私。當人們比較不自私就可以生出智慧，而非知識。智慧來自頭腦和心靈，它表示你看見事情的真相，當你看見事情的真相時，你就能瞭解組織的暴力。我想，我們應該一起來，以

無暴力的方式對抗組織的暴力，讓我們以最慈悲、柔軟的心來對抗暴力，這才是我們今天早上對談的眞髓。

釋心道

孩提時代我就失去了雙親、經歷了戰亂，從矇懂無知的幼年時期，我便開始了不斷找尋生命答案的歷程。15歲，是我人生的轉捩點，在那一年我接觸了佛法。在學習佛法的過程中，我所面臨到的第一個問題是：如何追求自我？如何發現自我？我直覺到這應該不是個人的問題而已，這是每個人都會遇到的問題，是所有人都關心的問題。這個問題不僅止影響個人，還會影響到我們的社會、國家與全人類。這樣的想法促使我探尋內心的眞理，希望能夠尋找到眞理、發覺到眞理，我一直都相信眞理可以爲世界帶來和平。如果我眞的能體悟到眞理並與每個人分享，那麼我們將一起達到和平。

一個修行者的生命體驗

在尋求眞理的過程中，我接觸過許多不同的宗教，基督教、道教和中國的另一個宗教一貫道，還有一些其他的宗教。我的目的很簡單，就是找出一個最適合我的宗教，作爲我追求眞理的途徑。有一天，我聽到觀世音菩薩的聖號，大慈大悲的菩薩啊！我不能抑止的哭泣，我不知道爲什麼我會哭，我體悟到大慈大悲的菩薩所發下的大願：解救眾生脫離苦難。這個菩薩就像是個救火員，當你撥119時會立刻來到你身邊的人。我開始探討這個菩薩是怎麼進行沈思和尋求眞理的。

原來，觀世音菩薩是離開了雙親，獨自一人到一座深山沈思與苦行。當然，她的父親並不希望祂離開家跑到山上獨自修行，但是爲了堅持修行的心，菩薩甚至犧牲自己的眼睛和一部分的身軀。我想學習祂的苦行方式。於是一個人跑到人煙荒涼的公墓，在墳場修行十年，不跟任何人聯繫。我與世隔絕，讓自己冷靜，如此一來我便

可以很快的打開心智並追求真理。另外，我想得到面對死亡的信心，因此我決定斷食兩年。這兩年，我只喝水沒有吃任何食物，但是每天會服用以百花風乾再加上密法修練的「百花丸」來維持身體的能量。

體認真理就是心中平安

在這樣不斷自我追求的過程中，我發現到身體真的不是那麼重要，重要的是心靈。不管我們的身體在不在，心靈總是在那裡；不管你有沒有軀殼，心靈總是存在。有了這番領悟之後，我真的找到了心中的和平，同時也瞭解到什麼是真理。真理就是心中平安、內在平安。當我找到真理，回頭一看，外面的世界仍然動亂，沒有平安。我希望外面的世界也應該同樣的充滿平安、充滿愛。但是，要如何達到這個目標呢？現代人有太多的問題存在，政治問題、經濟問題、家庭問題，種種問題的糾葛讓世界沒有平安。我想把我找到平安的訊息傳達給所有的人，將這個世界轉變成一個平安的世界。

當然，如果我們只想要追求自己內在的平安和個人的修行，我們可以依賴宗教、依賴沈思與內在的管理。這能幫助我們去除悲哀和無知，帶領我們獲得喜樂，這在個人層次上是可以的。一旦我們解決了個人問題後，我們必須跟所有的宗教一起合作，以解決社會的亂象、國與國的衝突、國際間的暴力問題。我們必須凝聚所有的宗教力量，一起將我們的愛與真心散播到全世界。

建構世界宗教博物館是和平的第一步

建立世界宗教博物館，是我邁向世界和平的第一步。接著我想創立一個教育機構，藉由顯示宗教的共同性和差異性，把宗教聯結在一起。在這個資訊時代，每個人都必須對宗教有具體和正面的瞭解，這可以幫助我們達到內在與外在的安定。當各個宗教齊聚一堂

坐下來談，我們可以交換經驗，彼此學習，這有助於我們解決宗教衝突、戰爭和環境惡化的問題，我們可以一起創造一個更美好的世界。

打造博物館的過程中，為了學習多方的經驗，我們到世界各地拜訪了一些大型宗教團體和組織。我們到以色列、蘇俄、南非、英國和德國，跟他們進行心靈交流，在這個過程中我們發現，他們對博物館都給予非常正面與溫暖的支持。我們也以同樣的方式拜訪了基督教、東正教、伊斯蘭教、神道教、道教、佛教、錫克教和印度教，我們用最直接、最誠懇的方式讓他們瞭解設立這座博物館的重要性。我們希望他們明白，大家共同執行此一計劃的重要性。結合我們的思想與心靈、行動和言語，為了我們共有的家——地球，一起來合作。

博物館在2001年11月9日開幕，剛好在911事件發生之後。911是一個緊急求救的電話號碼，而我們的緊急求救號碼是119。這真是巧合啊！所以，在博物館成立之後，我們必須持續不懈的進行我們的宗旨——聯結各個宗教，促進世界和平。事實上，設立博物館的過程本身已經是在促進和平，現在，我們更必須以新生的幹勁，繼續這個過程。

當我們去到波士尼亞（Bosnia）我們看見該國所有的清真寺和教堂都受到嚴重的破壞。既然聯合國不準備保護這些聖地，那麼我想我們應該趕快組成一個聖地保護委員會。否則一些古老文化，像是馬雅文化，都有可能直接受到戰爭的破壞，這是人類的悲劇。為了防止這種可怕的事情發生，我們需要一個聖地保護委員會。

為了成立這個委員會，我們需要政治界、經濟界、產業界和學術界，加上宗教界的力量，結合我們所有的力量來保護我們共同的文化遺產。在阿富汗的巴米揚大佛被摧毀之後，有一天阿富汗的文化部長打電話給我，邀請我到巴米安省（Bamiyan）訪問。我先去到香港為佛像重建募款，然後再把募來的善款捐給阿富汗文化部。我在此請求大家和其他機構的每個人一起捐款，並投入文化遺產的重建。

911事件讓我們明白，我們迫切需要瞭解彼此、拋棄對伊斯蘭教

的偏見，瞭解伊斯蘭教的信念是憐憫、正義和愛。過去一直存在的許多誤解，是必須透過對談來達到彼此的瞭解，這就是我們首先發動對談的原因。像這樣的對談我們打算再舉辦兩、三次，我真的希望每個人都可以繼續參加，如此可以讓人們都知道伊斯蘭教真的是提倡和平的宗教。開始這一系列的對談，是希望人們都能加入這樣的對談。

永續的和平——世界宗教大學

建立關心與和平的最佳方法就是透過教育與學習，現在博物館已經完成，我們的下個計劃是設立一所世界宗教大學。宗教大學將提供的是一個學習不同宗教的環境，我們應該有一所大學是整合佛教、基督教、伊斯蘭教和其他宗教，我們應該設立這樣的一所大學，讓年輕一代可以傳承我們的宗教和文化遺產，藉此達成地球和平的美麗願景。

同樣的，我們積極參與國際會議也是為了這個原因。我們到南非開普敦，參加世界宗教會議（Parliament Of The Word's Religions）我們也到義大利的亞西西（Assisi）參加祈禱會、我們同樣參加了泰國曼谷的宗教領袖會議。我們的目的就是去傾聽、去瞭解、去分享資訊，並去發掘我們能為這個世界做些什麼。當我只是個隱身在山上修行的和尚時，我從沒想到會有這麼一天，不過我依然做到了，博物館已經成立，現在我們希望博物館能散播愛與和平的精神。整個博物館是建立在尊重、包容與博愛的原則上，我希望這個原則能散播到全世界。只要大家同心協力就可以使這個世界變得更加美好。

現場提問

今天所有在這個場內的人都希望並祈求和平，人類的和平、世界的和平與宇宙的和平。但是在現實環境中，我們居住的世界，是必須面對權力、面對財富。

我的問題是：宗教團體能跟掌有權力的人展開對話嗎？我們可以和那些大權在握的人對談嗎？像是美國政府？我們能跟那些創造財富的科學家對談嗎？

千卓拉・穆札法

　　在過去12年到15年之間，世界銀行跟宗教界已經有了對話，他們舉辦巴黎會議，並以各種形式繼續對談；世界經濟論壇也跟宗教團體交換意見；2000年8月，聯合國第一次尋求與宗教領袖對談，這些都顯示運用權力的人正和宗教團體在做溝通。但即便如此，運用權力和財富的人也只選擇有力量的宗教團體進行對話。他們是以什麼方式和什麼樣的力量在溝通？

宗教不斷與不同領域在對話

　　我們從歷史上的幾個例子來看看，女權運動開始產生影響力，因為女權運動不但是支持女性，在某一方面也是支持男性，運用權力的人開始必須傾聽女性的需求。第二個例子是環保運動，一開始人們以為，談論環保的人都是男性。我記得瑞秋・卡森（Rachel Carson）的作品《寂靜的春天》被當作瘋女人的作品而遭到禁止出版。但在二、三十年之後，社會意見和國際社會意見已經改變。為什麼呢？因為更多更多的「瑞秋・卡森」和社會部門更加積極的參與環保議題。

　　南非的種族隔離政策制定於1948年，50年後，這個系統因為群眾運動而瓦解，我認為那就是未來的關鍵。我們必須使宗教對談成為群眾運動，那將是我們必須面對的挑戰。在佛教裡有一個擁有許多權力的政治領袖──阿育王（Asoka）他在歷史上被視為政治掌權者的代表，但他是個道德之士。至於伊斯蘭教，最有名的例子是先知穆罕默德，穆罕默德同樣是具有至高權柄及節操的人。在這些人身上，我看到了靈性與財富是可以同時兼顧的。

有這麼多的組織在談相同的問題，這也是一件很重要的事。讓我們依照《古蘭經》的指示，一起比賽做好事，比賽做好事，是件很值得的事，但是要避免唯我獨尊。這是許多組織共同的問題，當人們開始唯我獨尊，便開始想到自己的私利，這個時候你會出現小器與妒嫉，最後會毀掉所有美好的事。我們一定要很小心，抑制自己的欲望和自私，這樣我們才可以讓世界變得更好。

最後我想要說的是彼此間的互相學習，對於20世紀前半段所發生的事情，我最大的憂心是科技的進步如此快速，快的讓我們不得不聚在一起，而最大的悲哀是我們對彼此的瞭解竟是如此的少，這種無知的程度在人類史上是前所未見的。當人們不得不彼此聯繫，但卻對彼此如此無知，我們必須趕快做的，就是互相瞭解對方、瞭解我們的傳統、價值觀，包括互動時所遭遇的一些臨場狀況。一旦我們那麼做，我想我們的邂逅將會有非常豐富的收穫。

蘇拉克・西伐洛克沙

我想承接宗教傳統與世界銀行之間的對談這個主題。這個活動叫做「世界宗教發展對談」（World Faith Development Dialogue）經濟面的代表是世界銀行的主席，宗教界的代表是坎特布里的總主教。這樣的對談之中，我們學習傾聽，但是要讓對談更有意義的話，我們必須正視受苦者和窮人的問題。

對話從聆聽開始

世界銀行的座右銘是──根除貧窮，但是在過去50年來，世界銀行增加了窮國的負債。透過我們的對談，我們已經設法讓世界銀行傾聽窮人的聲音，這是有史以來的第一次世界銀行願意傾聽窮人的聲音。依據這場對談我們發表了《窮人的聲音》六萬本書的力量是非常大的。每個屬於世界銀行的政府都必須閱讀這本書。我們有機會

看到世界銀行的改變，對談是必須勇敢的面對貧窮、貧窮的代價與根除貧窮的成本，這是一件值得追求的事，我們希望世界銀行可以跟國際貨幣基金會（IMF）對話，讓國際企業瞭解貧窮一直在壓迫世界，並從現在開始傾聽。但是，膚淺的對話是沒有幫助的，我們必須單刀直入的切入問題。

至於科學家，過去七年來已經發生了最美好的事，達賴喇嘛已經和東、西方的頂尖科學家們交談，第一次科學家們變得謙虛，他們認知到科學的範疇是有極限的，他們的知識是物質性的、是邏輯的、數學的。他們認清了一部分的事實──必須發掘真理，他們應該更加謙卑，需要精神的投入。

過去七年來出現很多變化，所以不要只是進行小型的對談，試著跟當權者對談是非常重要的。容我這麼說，大部分的宗教領袖並不完全對當權者說真話，因為他們想保護自己的組織。聯合國的宗教領袖高峰會議是個大失敗，因為偉大的宗教領袖們只談到他們自己。他們完全沒有想到年輕一代與正在受苦的人們。除非宗教領袖們願意改變，否則我認為這個宗教領袖高峰會議沒有太多希望。這是為什麼我覺得我們必須從根本來改變對談。今天回教徒和佛教徒願意對談，是一件非常美好的事，許多回教徒和佛教徒是不願意與對方溝通的，但是我們需要說服我們的朋友，我們都要謙卑，我們必須一起改變。

千卓拉·穆札法

我們該給年輕一代什麼樣的指導和建議？我只有一個簡單的想法：當你成為一個大人，你便很難做到。你必須上班、必須賺錢養家，甚至無法完全堅持你的基本原則。但是千萬不要放棄，努力試看看，不論多麼困難，都不要放棄。

蘇拉克·西伐洛克沙

大部分的宗教領袖們都避談911的問題，我認為青年朋友們應該

向宗教領袖表明，宗教領袖如果不做任何行動將會使他們蒙羞。據我所知，亞洲青年領袖的青年會議下個月將在此地舉行。可以建議領袖們討論這個主題，我們不是要分裂、或敵對。我們需要學習如何互動、如何關聯、如何以憐憫和慈愛面對這個世界。青年朋友們，你們可以做一件好事，那就是直接或間接用你們的憐憫心拉下布希政府。

阿比伯・丘寧

談到政治與靈性領域的平衡，更好的方式是邀請掌權人士、政客來到這裡共同討論。現在巴勒斯坦發生的土地、主權等問題是政治事件，跟宗教無關。基本上宗教是尋求和平的，所以這如何去取得平衡呢？

釋心道

政治是人類創造出來的，它跟人有關，我們應該加強政治的人道，沒有道德，我們之間只有戰爭、鬥爭與爭吵。至於如何跟政治家進行對談，並進一步對政治產生影響，事實上我們並不一定要進行正式的對談，我們也可以進行非正式的對談，對談是隨時隨地都可以發生的。我們可以討論美國，以及這個大國正為世界其他國家帶來的問題。事實上，美國人也已經在盡力避免問題的衍生，我們應該幫助他們平衡思考模式，避免他們給這個世界的其他人製造麻煩與問題。希望我們可以一直合作下去，但願我們可以產生許多力量，並創造出美好的未來。

伍夫更・史密德

我認為政治與宗教的界線是很難去做區隔的，就像住在白宮裡的布希總統，所做的事情都是基於基督教的意識形態，他覺得自己在打一場正義之戰，而對抗的是他自己創造出來的敵人。

我們現在面對的是來自黑格爾哲學的威脅，這個哲學基本上是根源於基督教的意識形態。自從中世紀以來，基督教的意識形態一直反對著其他團體和宗教，並發展出正義之戰的教條。這個教條本身雖然存在著矛盾，但據我所知，這個教條從未被宣告不合時宜，至今它仍然存在。

正義之戰是我們基督徒必須做的功課之一。因為這一個教條、這個基督教的基本教義，為世上帶來許多痛苦。我們若不開始心與心的對談，這個世界就會有灰暗不明的現象威脅著人們。這次的會議是歷史性的，而且我們應該繼續下去。只有不斷的相互交流，我們的團結合作才能相遇、才能開花結果，我們要共同創造一個更好的世界，一個新的世界。

關於女性的議題

現場提問

我之所以對此類的對談感到興趣，主要是因為我想自我介紹。我來自一個名為「穆罕默德婦女信仰」（The Women Faith of Muhammad）的組織，我想介紹一下我們的組織活動。我們的活動特別偏向增強女性的力量，但我們也有男性成員，因為我們是伊斯蘭教組織，《古蘭經》要我們——男人和女人，一起參與建立一個愛、幸福和正義的世界。

不光是印尼，全世界每個地方都一樣，因為女性並未參與解決問題，讓許多問題繼續存在。世界上女性人口超過50%以上，但在處理問題時，女性仍然被視為附屬品。我們的組織是其他三大組織的會員，即「世界宗教研討會」（World Conference on Religion）「國際宗教和平議會」（International Conference on Religion and Peace）以及「亞洲宗教和平議會」（Asian Conference on Religion and Peace）我們若要使對談能夠繼續下去，我建議在對談結束之前，我們之間要有合作的行動，我也提議這次對談應該製作一份聲明，向

國際發表。我們聚在這裡參加對談，是非常重要的事，這也是向其他宗教領袖們傳遞一個重要的訊息。

釋心道

男性與女性的問題，是傳統社會結構的結果，經過大家的努力這方面的問題在近年來確實有了許多改善，這多虧女性朋友們的團結合作。當然，我們是應該花更多的心力在女性議題上。實際上我們正打算參與即將在英國舉辦的關於女性人權的研討會。

如果這個世界是完美的，我們就不用做任何事來改變它，因為它已經是個美麗境界。但是這個世界並不完美，我們必須做些事情讓它完美，這就是我們今天聚在這裡的原因。過去幾年來我參加過無數會議，聽過許多演講，我總是想著我們這麼做是為了什麼？當然，原則與概念非常重要，但是光談概念、原則與哲學，那是不夠的。我們必須明白我們在說什麼，但更重要的是我們都做了些什麼？我的確相信我們正朝著這個方向前進。

（全文摘錄整理於 2002年7月30日「回佛對談」于 印尼 雅加達）

巴黎
I

聆聽的藝術

與談者

羅莎・葛瑞歐（Rosa Guerreiro）：聯合國教科文組織
宗教與文化交流負責專員，1952年出生於里約熱內
盧，曾到美國、巴西、西班牙、瑞士、法國求學。在
伊伯利亞半島的社會科學研究院，教授三種文化（猶
太、基督教和伊斯蘭教）並為該院主席。

千卓拉・穆札法（Chandra Muzaffar）：馬來西亞公義世
界國際運動（International Movement for a Just World）
會長，馬來西亞大學第一位文明交流對話中心主席，
政治科學家，致力全球道德與知識的公平正義。

麥克・布魯克（Michael V. Bruck）：德國慕尼黑大學宗
教研究教授，《宗教對談》期刊主編，擔任達賴喇嘛
的對談夥伴長達20年，專精大乘佛教與吠陀哲學，曾
在日本修習過禪學，在印度馬德拉斯學過四年瑜珈。

大衛・恰沛爾（David W. Chappell）：夏威夷大學榮
譽退職的佛教與比較宗教教授，曾於1981-1995年擔任
佛教與基督教研究學術期刊的創始編輯，於1988年為
佛教與基督教社會研究機構的合辦人，並於1993-1995
年成為該機構總裁。

瑪利亞・哈比托（Maria Reis Habito）：德國人，世界宗
教博物館國際計劃主任，於1990-2002年在達拉斯的南
衛理大學教授中文、日本歷史與文化以及世界宗教。

穆罕默德・卡吉（Mohammed Kagee）：南非開普敦宗教
交流會創始會員之一，此會致力於推動世界宗教會議
的議會活動，對促進宗教間瞭解與對話貢獻良多。

伍夫更・史密德（Wofgang R. Schmidt）：德國普世夥伴協會（Worldwide Ecumenical Partnership）會長，基督教牧師，曾旅居印尼20年。

蘇拉克・西伐洛克沙（Sulak Sivaraksa）：1933年於泰國曼谷誕生，泰國著名批評與激進分子，曾獲得兩次諾貝爾和平獎提名，為1995年諾貝爾正義生活獎（The Right Livelihood Award）得主。

阿卜杜勒赫曼・瓦希德（Abdurrahman Wahid）：1941年出生於印度尼西亞東爪哇省宗班的穆斯林家庭，在蘇哈托政權倒台後，瓦希德與其擁護者成立「民族復興黨」（The National Awakening Party）1999年10月14日當選為印尼第四屆總統。

穆罕默德・阿里巴希（Ahmet Alibasic）：波士米亞人，伊斯蘭教代表，塞拉耶佛伊斯蘭研究會委員，塞拉耶佛黑力辛（Hadzici）文化中心主任。

達摩拉達那（Ven. T. Dhammaratana）：斯里蘭卡佛教比丘，世界佛教夥伴組織副主席。

哈比伯・丘寧（M. Habib Chirzin）：伊斯蘭千禧年論壇（Islamic Millennium Forum）會長、聯合國教科文組織宗教研究專員，為一佛教學者。

阿隆・葛斯坦（Alon Goshen-Gottstein）：耶路撒冷世界宗教智慧研究以利亞學校校長、耶路撒冷貝蒙拉撒大學Rabbinic思想（古猶太教神學思想）研究中心主任，為一名猶太教拉比（Rabbi）。

釋心道（Dharma Master Hsin Tao）：靈鷲山無生道場開山住持、世界宗教博物館創辦人、愛與和平地球家創辦人。2002年3月於美國紐約哥倫比亞大學，舉辦首場回佛對談。

主持人
米拉葛羅・可羅拉（Milagros D. Corral）聯合國教科文組織宗教交流負責專員

〈編按：內文中所有與談者皆使用習慣性稱謂，不再冠以全名及全銜〉

心聲迴音

巴黎 I

◎朱利 主席

◎瓦希德 前總統

◎伍夫更 會長

◎布魯克 教授

可羅拉（聯合國教科文組織宗教交流負責專員）：
面對世局亂象，更需要展開文化對話，學會尊重。

阿隆（以利亞學校校長）：
宗教對談，不應只是知識份子間的論辯，而應包含
靈性生活的實踐。

朱利（聯合國教科文組織大會主席）：
對話所需要的，其實不是共通的語言，而是聆聽。

瓦希德（印尼第四屆總統）：
宗教狂熱份子的暴力行為，是個人對宗教教義的誤
解。政治與經濟制裁不是最佳手段；對偏激者再教
育才是唯一解決之道！

伍夫更（德國普世夥伴協會會長）：
期望以新世紀初的戰爭悲痛，做為全球政治及宗教
關係的轉捩點！

布魯克（德國慕尼黑大學宗教學教授）：
要讓歷史悲劇不再發生，每個人必須反躬自省，對
自己的言行與人際互動要有責任！

千卓拉（馬來西亞公義世界國際運動主席）：
我要建議年輕人：當你長大後漸漸只想到私利、妒
嫉，最後會毀掉所有好事。

釋心道 （世界宗教博物館創辦人）：
和平不會自己發生的！我們必須不斷透過心靈覺醒
來啟發它，透過宗教對話來創造它，透過教育來延
續它。

米拉葛羅‧可羅拉

　　心道法師,他的見證對我們而言非常重要,因為他相信,對話是兩個宗教社群彼此瞭解、尊敬、甚至最後能夠水乳交融的唯一方式,聯合國教科文組織也有同樣的信念。聯合國教科文組織自成立以來,就不斷致力於文明、文化、精神與傳統之間的對談,因為這是促成和平文化與培養互敬為基礎的道德價值觀最有力的方法,這也能讓對談的彼此,真正相互接受,而不只是相互容忍而已。

回佛的交流　有歷史的基礎

　　這場對談的主題實在非常恰當,能夠證明在這個亂世中,對談才是結合不同信仰、信念或文化的人最好的方式。這場對談或可視為之前已在東南亞進行多場對談的總結,目的就是讓東南亞回、佛兩教教徒齊聚一堂。這兩個宗教的關係在和諧與衝突並存的氛圍下建立起來,歷史告訴我們兩個宗教已經在精神、文化、社會等層面進行過無數次互動與有意義的交流。不論這樣的關係以前是否確實存在或者已經不存在,或是根本就很難存在,重要的是——這是歷史的見證。因為這些過去共同的記憶,也許能防止任何一個宗教因為隔離而孤立,甚至因為拒絕交流而變得偏執。

　　防止衝突、解決對立,對談也許是最好的方式,對談是道德的一種形式。只有當宗教、政治、學術界領袖和民間社會能夠團結合作,彼此瞭解,建立起一個共同的生活環境,彼此尊敬,努力瞭解對方,找出共同的價值觀時,才能有高品質的多重文化統治。對談也讓我們更喜愛彼此,拒絕接納別人其實就是拒絕接受自己,瞭解差異性原來能讓社會更多采多姿。

　　這次對談的主題,是如何透過瞭解不同社群間相近的價值觀,獲得倫理與至善。這也是對911事件所做的一個迴響。為了防止這些令人傷心又己經發生的事件成為文化、種族、或宗教隔離的加速器,這樣的對談就顯得非常重要。

聯合國教科文組織不斷推廣一個觀念──不管自然環境、文化或是宗教，任何一個認同都是多重的，都包含了許多不同的元素。建立認同的過程一定是連續且動態的，這個過程要配合歷史與記憶才能瞭解，唯有如此我們才會知道，原來我們大家都有共同的祖先，大家都是人類。這個共同的來源提醒了我們，一定要將這個共同的歷史和記憶傳給下一代。

　　若要建立起新的國際架構，用對談的方式也很理想，武力競賽只會帶來更多問題。這些道理我們都銘記在心，所以每次聯合國教科文組織舉辦宗教對談時，都會強調瞭解其他精神信念與傳統文化的重要性，因為唯有如此才能消弭過去幾世紀以來一直無法化解的誤會、成見與衝突。

　　聯合國教科文組織整合推動每個階層、地區、國家乃至國際的對談，一定會不遺餘力地持續下去，聯合國教科文組織將自己定位成一個瞭望台、一個智囊團，蒐集各方來的聲音。這裡是一個可以舉辦對談的地方，即使對那些心存懷疑的人我們同樣對待。此次對談活動對聯合國教科文組織跨文化的對談工作相當有幫助，因為宗教間的關係扮演著非常重要的角色。

穆罕默德・阿里巴希
　　很高興這次對談的主角是伊斯蘭教徒和佛教徒，而不是伊斯蘭教和佛教；這兩者非常不同。宗教有其神學的本質有其教義信條，我們應該也討論一下不同的教義間如何才能進行對談。總之，此時回佛開始對談，我認為大家也可以思考一下，我們這樣對談的意義到底在那裡？

對談意義　在於跨越單一認同

　　宗教信仰在很多地區就代表著身分，能不能既保留原有的信仰同時又和其他宗教的人對談？這是個問題。因為，如果我們想保有自

己的身分，代表心中仍有一些界線。真正開誠佈公的對談，是讓整個對話的過程帶領我們思考，而不是由我們主導這整個過程。既然要對談，就是希望大家可以暢所欲言，自由發表；誰也不知道最後會怎樣，這才是追尋真理的做法。我們可以在《古蘭經》裡看到上帝傳來的福音：「我的僕人，有些人什麼話都聽，但只遵循最正確的。把福音傳給這些人吧！」這是傾聽的藝術，在對談中格外需要這種技巧。所以，我們要一直提到自己的認同以致處處受限，還是要敞開心胸、接近真理？

遵循正道　超越概念

我個人認為，無論那種宗教，都是在召喚人們接近真理，我們依賴宗教找出「超越」的概念。正道之所以好，並不是因為宗教勸人要行正道。應該說，宗教之所以好，是因為宗教的規範符合了正道，所以是正道的概念支配了宗教。也只有在這個情境下，這場討論才會很有意思，因為身分的概念和真正的對談竟能並行不悖。

如果對「認同」的解釋一直很僵化、很傳統，根本不可能有真正的對談。若用後現代的眼光來看「認同」這個名詞，您會發現「認同」就是沒有永恆存在的核心。「認同」的觀念會阻礙真正的對談，但是沒有立場卻又不可能真正對談。所以，如果我們對「認同」有更多元的瞭解，就有可能進行一場真正的對談。

對話　需要傾聽

我認為最適合探討這場對談的「認識論」以及「方法論」的場所，就是聯合國教科文組織。有人認為對話需要共同的語言，但我認為真正需要的不是共同的語言，而是願意傾聽。即便沒有共通的語言，心靈還是可以互相激盪出火花。如果有更多伊斯蘭教國家能參與聯合國教科文組織的活動，肯定能為這類的會議增色不少。

接下來還有很多精采的演講，我只想建議大家從被動的傾聽，到有自己的見解，然後找出彼此的共同性。真正的對話是我們開始傾聽，但不知道最後會有什麼結論，在這片真理之海中，我們的心靈會遇到一些寶貴的珍珠。

達摩拉達那

二次大戰結束後，組織了聯合國，管理國際事務。大家以為從此人類就可以過著和平、安定的日子，以為唯一需要注意的是專注於經濟的發展。不幸的，這些願望完全沒有實現。以當前世界的局勢來看，世界上充滿暴力與恐怖、戰爭與摧毀、政治與經濟的不穩定、種族與宗教衝突、貧窮與疾病、人為與天然災害，太多的人因此失去性命，自然環境同樣被破壞殆盡。因此，這場會議顯得格外有意義，在這個最關鍵的時刻，不論是宗教機構、和平主義者或是國際社會，大家都應該克服種種困難，義不容辭的接下這個任務，合力找出迅速又有效的方式，讓地球長治久安。

學習尊重　是對談的第一步

佛教認為，所有問題皆源於貪、瞋、痴。除非每個人和各國領袖，皆能放下一己之私，努力培養容忍、和諧、尊重、博愛、憐憫的美德，否則這個世界恐怕永無平靜安詳之日。今天的世界已經四分五裂，地分南北、人分東西連意識形態都大相逕庭。意識形態是人類心智的產物，常常引發緊張和敵意。所以要從人類的心智著手，排除這些衝突，讓愛的綠芽在每個人心中成長茁壯，和平、善意也將降臨人間。

眼前我們有個當務之急，就是教導人們尊重其他宗教和文化，也尊重不同的種族和教義。就是因為心胸狹隘、傲慢偏執、輕視其他民族、文化、宗教，才有爭吵和敵意。我個人相信，誤會、曲解聖典、缺乏對其他宗教的知識與概念、自認自己的信仰優於其他的信

仰，這些都是宗教衝突的原因。無論佛教傳入何地，都使當地更加文明，促使當地社會更加和平、包容、平等。釋迦牟尼佛認為，人不分種姓、地位、膚色、階級、主義，都應該享有公平待遇；佛陀一生致力於維護人類尊嚴與自由。即使佛陀無法認同其他宗教所有哲理上的解釋，卻從來不輕視或貶低任何宗教及其導師。有一點非常值得大家注意的是，一直到目前為止我們還不曾聽說過古印度時代有什麼宗教戰爭。

對談　是重建和平的工具

因此，在今日這個混亂的世局下，對談就變成重建和平與秩序的一個必要工具。伊斯蘭教創始人，先知穆罕默德在《古蘭經》第109章裡提到，祂對宗教間彼此需要包容的關切之心，容我在此引述：「我不會崇拜你們崇拜的，你們也不會崇拜我所崇拜的，你們有你們的報應，我也有我的。」雖然伊斯蘭教和佛教彼此間存在著差異，但我相信經過對談、交流，就能找出兩個宗教在道德觀和教義方面的共同點，並以此為基礎，齊心建造出一塊淨土，讓大家一起分享這世間的平安喜樂。

阿隆・葛斯坦

對話是我們需要建構起來的一條路，這條路會帶領我們到不同的地方。只要大家的觀念能相互交流、彼此瞭解，這條路就能非常順暢。如果少了這條路，就不可能有交流、貿易、往來；我們今天在這裡就是要建構出這樣的一條路。如果仔細觀察高速公路，你會發現，一條規劃完善的高速公路，一定都會留一點邊，我們叫它「路肩」，而我就是這場對話的「路肩」。

這次大會的兩位貴賓，瓦希德總統和心道法師，都是世界宗教領袖會議的主席團成員，他們也正在籌劃今年12月在西班牙塞維亞（Sevilla）的會議，會議的目的是要選出世界宗教領袖理事會，以

便推行一個宗教交流的學術計劃。我們已經計劃成立永久性的智庫組織，結合所有世界宗教的學者，仔細研究現在世界上發生的所有問題。

打開心房　才能對談

今天大家能聚在一起，第一個要感謝的人就是大衛‧恰沛爾。他提出的建議：我們可以到「邊緣」走走，到耶路撒冷做點事情。我也真的衷心期盼，哪一天我們也能在耶路撒冷舉辦一場這樣的會議，請大家到耶路撒冷來。回佛對談事實上已經在好幾個重要的世界中心展開，而在巴黎聯合國教科文組織的這場會議就是一個很重要的指標，因為它打破了某些中心與邊緣的既定模式。以前佛教的地位是處在邊緣，現在大家開始重新思考何謂中心？何謂邊緣？所謂的中心或邊緣，其實都是相對的。

另外，我想鼓勵大家，既然我們一定會有休息時間，不妨多多利用這段「空閒」好好建立關係，因為這也是我們千里迢迢來到此地的目的。在餐廳吃飯，或是會前會後，都是空閒的時間，都可以用來建立關係。如果我們真的想透過對話增進對彼此的瞭解，在既有的基礎關係上開始一定更容易。不是宣示一下就能代表雙方是真正的互相瞭解，簽一堆有學問的文件也不代表很清楚彼此的想法，只有建立起關係才算真正的瞭解。在場有很多重量級的人物出席，如果我們能成為好朋友，善用那些休息時間建立關係，我們的對話才能發揮最大的效用。

我希望利用這個機會呼籲一下，大家不該只是在會議紀錄上留下美妙的字句。我們每個人都有一顆心，都有熱情，也都會禱告。在以利亞學院我們常常發現，大家如果對某段經文無法達成共識，就無法一起禱告。解決的辦法，就是對彼此打開我們的心房，透過音樂來解決歧見。我們分享聖樂，不同宗教的聖樂。今天我們聚集在這裡，希望運用我們的智慧，提出更多思考的方向。

在此容我跟各位分享一首和平歌。我會用我的母語希伯來語演唱，會選擇這首歌，完全只因爲這代表我的文化，我也希望大家記住這點，所以也許我們相聚的時候，可以用其他的歌曲或傳統來表達自己的想法。以下這段話出自《詩篇》〈願你們心中有和平，住所一片和諧。〉這也是我的願望，也提醒了我們，不光是理智上要認同和平的重要性，更要打從心底企盼和平降臨。

瑪利亞‧哈比托

在和平歌之後，我寧願保持靜默，因爲寧靜和平正是我們一直衷心期盼的，但是我今天是不得不說話的，請原諒我打破這片寧靜。

美伊戰爭開打之前，我剛好看到一個電視節目，內容是「基督徒探討戰爭」當時參與討論的來賓，大部分都是美國基本教義派的基督徒，有位現場觀眾Call In：「你們以爲這場戰爭中，上帝是站在你們那邊的，但伊斯蘭教徒也認爲上帝與他們同在。」有位現場來賓回答：「他們信錯了神。」如果有人認爲，甚至宣稱別人信錯了神，大家想想，世界和平還有可能降臨嗎？

世界宗教博物館　創造了對話的平台

心道法師多年前也同樣的、不斷的自問這個問題，這也激發了法師成立世界宗教博物館的念頭。我1980年在台灣第一次與心道法師碰面，當時他仍隱居山林，我則是來學中文。十年後，法師一手建立的無生道場落成，也成立了世界宗教博物館發展基金會。當時的我則剛完成博士論文，論文的主題就是研究中國佛教。接下來的十年，博物館開始籌備，法師開始雲遊世界各地，拜訪各方宗教領袖，廣徵各界意見。

博物館於2001年秋天開幕，就在美國911事件發生不久後。好幾百位貴賓包括宗教界領袖、各大博物館館長、藝評家等，不顧當時對飛行的恐懼，排除萬難到台灣來參加博物館的開幕典禮。每位與

會的貴賓都一致認為，博物館身繫著讓不同宗教相互瞭解、尊重與合作的任務，是用來消弭彼此的敵意與鴻溝，在那關鍵性的時刻成立實在非常適合，同時也是非常具有教育性的機構。

我在這裡簡單描述一下博物館的情況。世界宗教博物館座落在台北一家百貨公司的六、七樓，當時任教於哈佛大學世界宗教研究中心的蘇利文（Larry Sullivan）教授提供了一些想法，然後再交由華盛頓的浩劫博物館（Holocaust Museum）的設計師亞伯邦（Rauf Appelbaum）設計。設計師運用最新的多媒體與科技，將博物館建構成一趟穿越宗教時間與空間的旅程。

博物館入口處有道「淨心水幕」參觀者可以在這裡先洗洗手，淨淨心，再進入一條長長的朝聖步道，朝聖的同時也可以思考一些問題：「我是誰？」「我來自何方？」「生命的意義到底為何？」七樓還有一個世界宗教展示大廳，陳列猶太教、伊斯蘭教、印度教、佛教、錫克教、道教、神道教、以及古代與各國民間信仰的各式文物法器、宗教建築、錄音帶、互動式多媒體等。

往下走到六樓，宇宙創世廳就在這裡。宇宙創世廳提供各種多媒體設備，闡述從大自然的混沌初開，到毀滅無常的循環。生命之旅廳展示的，是人從出生到老死不同階段宗教的精神和儀式。另外一個空間是生命覺醒區，在這裡大家可以坐下來，聽聽宗教界的領袖與世間聞人的見證，看看他們是如何得到精神上的啟發。生命覺醒區的正對面是靈修學習區，在靈修學習區可以學習到各種宗教不同的冥想、靈修的基本入門。

博物館不只舉辦特定的教育課程和特展，也和在紐約成立的「愛與和平地球家」（Global Family for Love and Peace）共同贊助國際性的宗教對談，這三天的回佛對談，正是在世界各地舉辦過一系列的對談當中最精采的一場。如果不是許多人大力的支持，我們今天絕對不可能聚在這裡，若不是心道法師他那追求和平的遠見和鍥而不捨的努力，今天大家不會聚在此地。

釋心道

今天我是帶著不安的心情來主辦這場會議，不安來自於許多人類當前無解的難題，以及無數的危機。全球化腳步的失衡急促，讓我們唯一的地球家呈現禍福不定的狀態。面對戰爭與暴力、兒童與婦女、貧窮與飢餓等社會問題；真實生活與資訊虛擬的錯亂；道德倫理的墮落；SARS等新疾病對生命的掠奪……身為宗教人，我們如何面對時代的變異、衝突？如何共同合作協助人們找到生命的核心動力，用來保護地球家的永續經營？

回佛對談 目的在於世界和平

「愛與和平地球家」與「世界宗教博物館」在這個前題下發起全球回佛對話，主要討論有關伊斯蘭教及佛教徒如何共同回應21世紀所面臨的政治、宗教、經濟與文化危機。這個議題在亞洲受到許多團體及個人的熱烈迴響，這次對談的目的，主要鎖定在宗教面臨新世紀挑戰的時候，如何持續以和平為基礎建立友誼並以1994年聯合國教科文組織之宣言為軸心，邀請諸位分享與探討下列各項議題。

第一：全球倫理善治。

受到當今時事的啟發，讓我們更深層的去思索，究竟我們能提供什麼樣的資源與協助？全球倫理善治從共識推展到實踐的歷程，所面對的環境與解決之道為何？全球倫理架構對各種領導階層，所產生的影響與挑戰為何？

第二：宗教對暴力的回應。

希望各宗教共同來討論如何轉暴戾為詳和，提供個別的觀點及具體可行的方案。宗教交流與和平教育，就是以個別實施之宗教和平教育為架構，敘述所面臨的實際挑戰及潛在機會。針對和平教育包括伊斯蘭教徒及佛教徒在內，宗教界能有什麼樣的貢獻？在全球各區域、國家等不同的層次，如何倡導宗教和平的教育？而世界宗教大學的建立，又該如何協助推動宗教與和平教育？

阿卜杜勒赫曼‧瓦希德

　　身為伊斯蘭教徒，我受邀為這場佛教與伊斯蘭教對談提供一點意見。我想，這個會議來得正是時候，因為伊斯蘭教就我們現在所看到的，已到一個不同的階段，例如伊拉克與美國之間的戰爭，以及發生在以色列的巴勒斯坦極端份子自殺式炸彈攻擊事件。伊斯蘭教徒應該要向西方——基督教及猶太教學習有關傳承的問題，伊斯蘭教也應該向佛教、印度教及其他宗教學習，因為許多伊斯蘭教徒現在視猶太教徒和基督徒為必須對抗的敵人。

伊斯蘭教徒　並非拒絕對談

　　我們這樣的對談是可以抹去這種誤會的，伊斯蘭教徒最終會明白有一群伊斯蘭教徒願意和其他信仰的人對談。這是很重要的，因為在伊斯蘭裡有一種很恐怖的東西，就是嫉妒心，對其他文明的嫉妒心。雖然這種所謂的「亞伯拉罕傳統」（Abrahamic）的挑戰是不正確的，但是人們還是受到了影響，有了錯誤的思惟。

　　透過我們的對談，穆斯林知道了其他宗教與其他信仰的人，擁有相同的感受。今天這樣的回佛對談應該有系統地組織起來，讓我們知道生命中有一些特定的價值，對生命的尊重是所有宗教所共同享有的。只有當我們都明白各個信仰間的共同性，和平、真誠、諒解與支持才會來到。

　　我記得1972年在雅加達，一個著名的團體舉辦了一項研討會，我是與談人。當時「是否有必要實施一夫一妻制」的議題被提出來討論，我是持異議的，我相信一夫一妻制是有必要的，但它不是屬於「全球性」的議題。我們只要稍稍的研究一下佛教文化、伊斯蘭教文化；中國文明、印度文明，甚至以色列、印加及馬雅文明，這些宗教與國家都是以多妻或多夫制為社會基本結構。所以，不要把「一夫一妻制」稱為「全球性」議題，那是西方文化，不是全球文化。

極端份子的產生　是因為誤解教義

　　伊斯蘭教徒被稱爲恐佈極端份子的原因，是可以追溯到對宗教教義的錯誤詮釋。佛教徒指出所有的宗教教義都是好的，但對於伊斯蘭教徒來說，大部分的人仍認爲有需要使用暴力。不論是印尼的伊斯蘭教徒或是菲律賓南部、馬來西亞，尤其是以色列的伊斯蘭教徒，他們誤解教義的情形是很普遍的，這就是重點。

　　我們應當知道對於使用暴力的詮釋，是由於許多伊斯蘭教徒，尤其是年輕一代已經失去他們的傳承，失去了正確理解宗教起源的能力了。新的一代、年輕的一代已經失去或誤解了聖義。雖然仍有許多教徒嘗試著重新詮釋《古蘭經》教義，例如：「我今天預言伊斯蘭成爲你的宗教。」「我給予你祝福，以及伊斯蘭是爲你而創造的。」但這些字句僅是原則，我們應當更詳細地去重新詮釋它。

　　我舉個例子來說明，或許這樣比較容易讓人理解，讓我們來看印尼的家庭計劃。1973至1975年以前印尼人以「節育」爲名限制生育，是年我們改以「家庭計劃」替代「節育」。因爲使用「節育」這個名詞，是干擾了神的權限，人類生育的權限。我們只能說「控制」，以家庭計劃來控制生育。瞭解措辭的改變是重要的，定義的改變會給人們帶來不同的意義。伊斯蘭教徒也可以接受這樣的改變，這意味著我們允許不違背伊斯蘭法律的新機制與技巧。在這種情況之下，我們找到「瞭解」自己宗教的可能性了。

　　有件事特別需要提出來的，現在有能力瞭解伊斯蘭教的教徒正在減少。因爲現下的伊斯蘭教徒不是爲了宗教而受教育，而是爲了科技，爲了成爲醫學博士、經濟學家而受教育的。當他們面對伊斯蘭教時，只是拿起聖書、先知格言，卻無法眞正地看清楚，傳承是如何在幾世紀裡被伊斯蘭教徒詮釋的。就因爲這樣，我們不能說他們是對的，我們應該明白，在這樣的背景下，讓這些教徒來到了一個有權利使用暴力或利用暴力的歧路上。

我們可以用政治手段來處理問題，是的，我們可以把這些狂熱份子抓起來，我們可以把他們關起來，我們可以對他們的外在行為做任何事，但是問題仍是問題！這個問題只能經由深入歷史，去發掘造成恐佈份子的真實原因。我們要深入瞭解伊斯蘭教徒變成今天這個樣子的整個過程，這是最重要的！回佛之間的對談可以讓大家明白，其他宗教信仰的人們是如何使用正確的方式來瞭解他們自己的宗教！正因為如此，我非常非常重視這一類的會議。除了暴力之外，我們應當明白，還有其他不同的方式可以護衛一個人的宗教與信仰，其中之一就是依照教義，實踐宗教正式的教誨，伊斯蘭教也應當是這樣的。

伊斯蘭教本身　有許多差異性

東南亞的伊斯蘭教徒和南亞其他地區的教徒是不一樣的，1985年以前，我曾建議把伊斯蘭教社會區域研究分成六塊。第一塊是非洲黑人社會的伊斯蘭教研究；第二塊是北非及阿拉伯國家的伊斯蘭教學說與實踐；第三塊是阿富汗文化；第四塊是南亞社會的伊斯蘭教研究，孟加拉、尼泊爾、巴基斯坦、印度及斯里蘭卡；第五塊是東南亞的伊斯蘭教；然後是西方的，所謂的科技先進國家如美國的少數伊斯蘭教徒。

各地區伊斯蘭教的差異性是需要透過區域研究來瞭解的，而且在伊斯蘭教裡還要區分兩種差異性，第一種是伊斯蘭文化；第二種是伊斯蘭群體。在1980年代後期，前總統蘇哈多採取了支持伊斯蘭團體的做法。他設立了一個做叫「印尼伊斯蘭智慧協會」的團體，給予這個團體一切的需要。不過最終它是失敗的，為什麼？因為伊斯蘭不只是團體，伊斯蘭也應該被視為一種文化。伊斯蘭文化、傳統文化、修行的文化，所有一切的一切，都是文化。如果我們無法區分團體與文化，我們就會常常覺得受到威脅。

伊斯蘭極端份子與其他伊斯蘭教徒之間的誤會，是落在伊斯蘭極

端份子無法區分文化與群體的事實上。在這方面，我覺得佛教徒是可以學習的對象，據我所瞭解，心道法師與其他佛教徒的生活起居方式有些微不同，心道法師會吃晚餐，但是我們國家的佛教徒是過午不食的。像這樣的事情，我們可以說是文化差異，非關信仰、信念，伊斯蘭教也有同樣的情形。

UN 駐突尼西亞代表

我想對瓦希德總統的演講做出回應。多元共存的經驗存在於伊斯蘭世界，並且存在於整個伊斯蘭文明的歷史中。多元共存的經驗與對話成功的要件就是──自知。我們伊斯蘭教徒對自身的瞭解不夠彼此間的對話也不多。根據瓦希德總統的說法，能幫助伊斯蘭文明擺脫現在的危機，最重要的是《古蘭經》的詮釋這一點最吸引我。

我相信，國與國、宗教與宗教間的詮釋會有所不同，這一點是不會錯的。以我的國家突尼西亞為例，我們獨立之初女性的地位就已經確定，一夫多妻制自1956年就已經明文禁止。家庭計劃、女性的社經地位、墮胎與節育是我們所重視的。這些經驗都值得我們更進一步觀察，全世界的伊斯蘭教徒將因相互間的討論而有所獲益，因為多元價值的成功是需要自知的。至於回、佛兩教的對談，我認為我們該加強與籌劃，並定期舉行，我們可以學習猶太教與基督教的對話模式。猶太教徒與基督教徒如何在某些觀點上達成共識，如何使對話圓滿，也許是我們伊斯蘭教徒與佛教徒的最佳參考。

宗教對談　可以避免政治干擾

關於瓦希德總統的演講我也有話要說。總統說：「伊斯蘭教、以色列和基督教間的對話是很難的。」我想這也許是政治與宗教領域間的混淆。身為文化與宗教對話協會的主席，我深信對話，並致力於不同宗教與文化之間的對話。我相信，三個宗教間的對談，尤其是伊斯蘭教與猶太教間，在宗教與文化層面上，是相當正面的。但

是，在政治層面卻不是非常成功。所以我想指出，避免宗教與政治層面混淆的重要性。瓦希德總統提到統合主義、恐怖主義，但是我相信恐怖主義無所不在，甚至還有國家恐怖主義，恐怖主義並非少數人或是政黨的行為。

阿卜杜勒赫曼‧瓦希德

　　誠如所言，政治性的對談常由有權力的一方掌控全場，這點非常正確，也正因為如此，政治性對話的結果就是造成更多的誤解。所以不同信仰背景的人要對談，就要避開政治的議題，這點我也同意。我認為舉辦這樣的對談非常重要，因為在場的回、佛兩教以及來自其他信仰和歐洲的朋友們，都非常堅持維繫這樣的友誼，促進不同信仰而非政治方面的瞭解，這點我完全同意。如果要瞭解完整的事實真相，我們必須深入研究這些被簡化的過程。

　　我們必須彼此學習，透過對談是非常好的辦法，這種對談是多多益善。我可以舉我自己的例子供大家參考。幾年前，有人要我加入臺拉維夫（Tel Aviv）的Simon Perez和平中心成為創始會員。大家知道，印尼並未和以色列建交，但我還是加入了，結果受到許多抨擊。有人甚至說我是Mossar派來的使者。但是各位現在可以看到，只要我們立場堅定，其他人自然就會瞭解我這樣做的目的，因為我想在這塊聖地上找到和平，而且要讓大家一同分享。很高興不論是猶太教、基督教，以及其他教派的信徒，大家已經開始努力促進彼此的瞭解。

文化　有助於對宗教的瞭解

　　伊斯蘭的確面臨一個很大的危機。這種危機有部分是因為伊斯蘭教徒無法區分文化與制度。我認為我們必須使這樣的概念更加完善，用以重新教育伊斯蘭教徒，特別是年輕的一代。

　　記得1966到1970年代，我到伊拉克唸書，結交了一個好朋友，他

是猶太人，並出身上流社會。他完整的把猶太大屠殺事件、離散（Diaspora）卡巴拉（kabala）等等各位耳熟能詳的事情鉅細靡遺的解釋給我聽，在那樣的方式下，我瞭解了所有伊斯蘭問題的根源。只要上一代沒有充份的、詳實的記述，伊斯蘭文化就無法延續，下一代就會因爲對自己的宗教只有粗淺的瞭解而受到誤導。我們應該要讓佛教徒也針對這個部分發表他們的看法。

蘇拉克・西伐洛克沙

我想從佛教徒的角度出發，對這個議題做個回應。在座非佛教徒或許不瞭解，伊斯蘭是有聖經的宗教（The Religion of The Book）而我們佛教的經典就是佛陀所說的話。佛陀就是教導人們將貪念轉爲慷慨；怒氣轉爲愛與慈悲；無知轉成智慧。佛教徒個人的修行都可以做得很好，至於如何解決現代資本主義和消費主義帶來的貪念、大軍國主義與超級武力所引起的怨氣、盲目崇拜西方科技、通訊等現代化的發展所帶來的無知，佛教徒可說是束手無策。

總體來說，佛教徒不知道如何解決暴力的問題，雖然佛陀也曾遭遇過暴力。從前有人問龍樹大師：「可不可以單用一個字來解釋佛教？」大師回答：「Ahimsa，非暴力。」當前這個世界充斥著暴力，除非佛教徒向這些暴力妥協，否則只有害怕的份。雖然大部分佛教徒都覺得皈依佛教的人越來越多，很多西方人也已經開始皈依成爲佛教徒，但那些人大部分也只是追求個人的解放，並沒有發展出什麼具體的方法解決這些問題。回、佛兩個宗教都應該要互相學習，看看要如何解決這些暴力問題。

阿卜杜勒赫曼・瓦希德

有一個技術性的問題需要即時的被克服，那就是如何讓那些強硬派、極端份子、基本教義派、恐怖份子，也能坐下來，和其他的伊斯蘭教徒好好談談。如果我們只能用暴力手段逮捕他們，永遠解決不了這個世界上的暴力問題。我還觀察到了另一個問題，我們伊斯

蘭的兄弟姊妹中，有許多聰明的人、有學問的人都無法住在自己的國家，因為他們的社會對他們很殘忍。埃及的Saad Eddine Ibrahim就是一個最好的例子。他只是因為質疑當代社會結構，就在監牢裡待了七年。這看起來是政治迫害，但不管怎樣還是跟伊斯蘭教有關。

麥克‧布魯克

我目前任教於德國慕尼黑大學。對於該如何深入瞭解傳統以及對談這兩個議題，我想提供一個例子給大家參考，這個例子是過去幾個月中，我們處理類似問題的方式。

強勢手段之外的方式

德國政府反對美國用強勢的方法處理世界問題，所以他們採取了另一種方式，就是在各大學與文化機構內廣設基金會，比如歌德學院（Goethe Institute）或是印度的Max Mueller Bhavan，還有在不同的國家舉辦對談會議。實際上我們已經以宗教研究或佛教研究學者的身分，訪問過很多伊斯蘭教國家，成立專門小組，或是提供平台，讓那些伊斯蘭國家的人士可以碰面。

到目前為止，我們去過巴格達、巴基斯坦、伊朗、埃及等等地方。我們聚集幾個對歷史和文化持有不同觀點的伊斯蘭群體以及學者，讓他們在一個局外人的見證下，互相討論他們關心的事，像是自我認同，或是讓他們對自己的文化更深一層的瞭解。

一個局外人不會替這些人解釋他們的文化或宗教，反而會從他們個人的經驗提出一些問題，例如解釋學的問題、方法論的問題、如何真正瞭解一個文化、如何瞭解一個傳統的豐富內涵與多樣性。有個旁觀者從其他的立場發問，可以幫助堅守某個傳統的人，從不同的角度瞭解自己的文化傳統。我們發現這種方式相當有用，像是建築一條道路，連接不同的城市，如此一來，我們非但不需要合併這

些城市，反而讓城市與城市之間的交通往來改變了城市的氛圍。

　　這就是對談的效果，讓我們對自己的傳統更加深入的瞭解。中國、印度、德國、美國、法國……不論去到哪裡，我們都發現，對於我們自己的傳統，我們的認知是如此膚淺。正如瓦希德總統所說，這全拜媒體所賜，因為我們不知道自己的傳統所擁有的豐富內涵，我們甚至連傳統食物都不瞭解，更不用說那些智慧與情感的資糧，我想這兩個議題是可以串連在一起的。

以包容化解宗教間的差異

現場發言

　　我想說，我算是瞭解伊斯蘭教的，因為我自己的孫子就是伊斯蘭教徒，我跟他們在一起生活了一段時間。我對伊斯蘭文明有相當的瞭解，尤其是哈里發（Caliphate）時期，那真是一個充滿包容與文化的年代。亨利·科賓（Herry Corbin）的書既卓越又普傳，是這個時期很好的參考資料，雖然這是六百年以前的例子，卻仍然提供我們一個很好的典範，他告訴我們什麼叫包容。在那個年代你可以同時在清真寺和大教堂慶祝異教聯姻的婚禮。這樣開放的態度在今日是從來沒有聽說過的，因為我們一直把時間用在譴責別人。

　　我在諾曼第小小的工作圈中，組織一個三個宗教（基督教、天主教、猶太教）的主禱，有關宗教的事物諾曼第人不是很開放的。這只是一小步，我們的教區，伊斯蘭團體，和其他相關的團體都應該朝著這個方向繼續前進。因為小團體凝聚在一起才能夠在他們所處的社群中產生巨大的影響。1990年有一場宗教會談在法國的維農（Vernon）舉行。與會者中有一位印度舞者和我的一個以色列朋友。他告訴我們說這個聚會的確是一個很特別的經驗，聚會裡還有清教徒、天主教徒，真棒！這個經驗改變了很多人。這就是我要說的，我們正努力的由小團體的交流開始做起。

阿卜杜勒赫曼・瓦希德

　　這位女士所提的是一個很理想性的世界。有理想很好，但現實生活中卻充滿著「誤解」。她舉了「哈里發」的例子。但我得說有「好的哈里發」，也有不少「殘忍的哈里發」，就像蒙兀兒帝國（Mogul）的蘇丹阿克巴（Akbar）以及伊斯蘭帝國（Islamic empire）的這些統治者都會砍斷人民的手，這又牽扯到政治的範疇。我們不斷重申宗教獨立的必要性，宗教必須從政治中抽離出來，唯有如此才能避免宗教問題泛政治化。宗教泛政治化是自19世紀中葉以後，伊斯蘭世界一再重覆發生的事情。這就是為什麼即使是在法國這樣的西方國家，還是有很多反基督或反伊斯蘭的人。不論是政治的、非政治的、文化的各種因素，都會影響到伊斯蘭教徒。因為對宗教本身瞭解不多，才衍生了這許多事，對於您所提到的那種理想性的對談方式，首先需要加強對伊斯蘭教徒的認識，才有辦法召開。

賽門・赫姆斯

　　我想談談和印尼有關的議題。印尼的憲法有所謂的「La Spanciacila」也就是各種宗教不只要受到同等的尊敬，他們的紀念日也都應該成為國定假日。當我知道這點時，非常驚訝。更令我吃驚的是，這個國家大部分的人民都是伊斯蘭教徒，但不論是佛教、印度教、基督教的特定假日全國都一律慶祝。我想請瓦希德總統談談這個狀況。現在印尼國內的情況還是如此嗎？這是印尼人信仰的一部分嗎？或者只是憲法規定的，是否沒有人再去注意，它也不再是生活的一部分了呢？

阿卜杜勒赫曼・瓦希德

　　我想先回應蘇拉克的議題。「全球化」本來是指每件事情都要以全球為角度來發展，如今卻演變成各行各業都是由國際型的大企業體來掌控。我們所看到的全球化，是將物品、生活全都「標準化」

速食店的到處林立，這意味著連品味也可以標準化了。現在印尼的兒童已經不知道古老的傳說了，即使連神話故事也沒聽過，因為現在電視上每天播放的都是日本卡通，他們瞭解這些卡通，卻不瞭解自己的傳統文化。

我們應該找出平衡點，一方面接觸「新全球口味」一方面是發展我們的傳統文化。如果只是一味的耽溺於過去，我們的下一代便會遭殃；如果只是隨著某些財團起舞，最後同樣是害了自己。我們一定要在兩者之間找出平衡點，這是我的觀察。

赫姆斯博士的問題，我在此一併回答。我們還是維持著過節的傳統，而且目前多增加了一個節日——中國農曆新年。但現在出現問題了，那就是我們的假日很多，相對的不用工作的時間也很多。目前我不斷的在提議，我們將假日分為所謂的「特定假」（facultative holiday）和「全國假」（whole nation holiday）「特定假」是只有該宗教相關的人士才能放假，但其他不相關者照常上班、上課，因為身為一國的總統，必須捍衛國家，對抗這類的「極端主義」。

千卓拉・穆札法

我有個看法，我希望這可以引申成為一個問題，過去這二十多年來，由民間團體發起的社會運動和許許多多的會議，都沒有將精神與道德的成份帶進政治或是社會改變中，這是我們需要反省的地方。宗教運動一直都無法將對人類真正有益的事項，如人性、道德、憐憫等等帶入社會，為什麼會這樣？

阿卜杜勒赫曼・瓦希德

我舉一個例子來回答上項問題。前任聯合國人權高級專員公署（UN High Commissioner For Human Rights）主席羅賓森女士（Mary Robinson）說：「我們現在的任務，就是把印尼武裝部隊送回軍營遠離政治的操控。」像這樣的說法，讓我們很難為國家做事。倘若我們放棄輿論，就是在對抗我們自己的社會文化，所以很困難。

這也正是爲什麼，我從來不和國內「仍然重要」的極權主義者處於敵對的狀態，例如軍隊、官僚、商人等。因爲我意識到，如果我選邊站，就無法接近他們，無法爲他們所接受。而與我立場不同的人則會被那些仍在社會上舉足輕重的團體所吸收。所以，我們也應該要將這點考慮進去。我們雖然要「走」出自己的道路，但也需要運用既存機構的語言或傳統。博士和我的方法不同，而且差異非常大，但我們還是好兄弟，好夥伴。

　　有位女士要我回答這個問題，自1970年代中期我就一直很積極的企圖捍衛儒教的權利，他們是印尼的少數族群。當時一般知識份子不認爲儒學是種宗教，而是一種生活的哲學。對我而言，宗教就是宗教，因爲信仰者認爲是就是，這不是由政府來決定。

　　我們自己的組織禁止政府介入宗教事務，所以在這方面我們的生活方式眞的不同。一個是比較世俗的，另一個則是非世俗的，很多事情都是如此，我們的目標相同卻彼此對抗，這很不應該。我們一定要對談，要讓更多人加入對談。

大衛・恰沛爾

　　從美國到法國來眞的很有意思，各位知道嗎？在美國，現在薯條已經不叫「French Fries」（French是法國的意思）而是「Freedom Fries」這名字聽起來就怪，有些令人不寒而慄。

紐約回佛對談報告

　　現在跟大家報告的是，在哥倫比亞大學所舉辦的第一場回佛對談。事實上這一系列的對談並非從那裡開始的。我非常喜歡阿隆校長所講的邊緣的觀念「邊緣人」的角色其實很重要。這一系列的回佛對談，是從心道法師的心中開始的。

　　大家應該都知道，心道法師在緬甸出生，少年時期即隨著軍隊撤

退到台灣，法師不只以苦行的方式砥礪自己的身心，更有一段很長的時間在孤墳野塚間修行。聽說當時有很多餓鬼登門拜訪，甚至跟他形影不離。後來法師和他們達成協議，等他有了能力，會好好照顧他們。現在法師每年都會舉辦全台灣最大型的水陸超度法會，超度亡魂和祖靈。

法師真的是從墳場這塊邊緣地帶來的，由緬甸一路輾轉，從一個地方到另一個地方，體驗生命與生活中的種種變遷。在我的認知裡，他的慈悲心，正是這場對談的起因。史懷哲曾說過：「擁有共同苦痛印記的人，才能擁有相同的革命情感。」換句話說，就是受過苦的人，才能感同身受。但又如何培養同理心？我相信，回佛對談真的是從人的心裡開始的。而那些積極的支持者與參與者就是有這份同理心的人。雖然看起來這場對談是從哥倫比亞大學開始，但實際上是從在座每個人的心中和自己的生活開始。

911事件當然也給了我們一些啟發。今天本來應該還有一位貴賓也會到場，就是Imam Fiesal他的清真寺離受攻擊而傾圮的世貿中心就幾百公尺而已，他才應該是這場會議的主講人。除此之外，阿密爾‧阿爾‧伊斯曼博士（Amir al Islam）也應該是這場會議的座上賓，伊斯曼博士是非裔美籍人。美國最大的伊斯蘭教選民就是這群人。他們是在監獄裡叛依伊斯蘭教的，監獄是個充滿苦難的地方，自然培養出他們對苦難的敏銳感覺。伊斯曼博士不斷強調，大家就算只是碰個面也好，因為這代表了彼此尊敬、彼此重視、彼此關心。所以，大家都心有所感，才促成了這次對談。

伊斯蘭教這邊，最能言善道的就屬Imam Fiesal，可惜我們不知道他現在人在何方，但還是祝他一切平安。而佛教徒這邊，我們很幸運有心道法師在場。法師成立了世界宗教博物館與基金會，這表示他以實際的行動保存及珍惜他們最神聖的遺產。會議的主辦人是巴瓦‧金（Bawa Jain）他畢生致力於宗教間的對談。他在南非開普敦協助組織世界宗教議會（World Parliament of Religions）公元

2000年的「聯合國世界宗教暨精神領袖和平高峰會」也是由他主辦。

　　在哥倫比亞當天的對談，最核心的問題似乎都集中在神學。Imam Fiesal最擅長以伊斯蘭教的觀點來談神學。佛教在神學這方面就略遜一籌，我本想岔開話題Imam Fiesal又回頭來問我：「你們的神學觀點是什麼？」我想再次引述阿隆對邊緣的看法，伊斯蘭教和佛教都可以算是從邊緣發展起來的宗教，但兩者又有很大的差異。如果要瞭解他們各自強調的是什麼，必須從他們發展的脈絡談起。

法是生活與道德的指引

　　伊斯蘭教創立之初部族間或意識形態上對神或神性頗具爭議，非得要拚個你死我活，才能決定那些人可以得到萬能的神的啓示。這很重要，因爲對伊斯蘭教徒來說，唯有如此，才能替人類帶來正義、秩序、互敬和生活品質。對佛教徒而言因果報應的教義與種姓制度，束縛著人們的思惟，佛陀的角色便是去挑戰這種種的限制和教義，這些解放佛教徒的實踐方式就是—— 法。

　　法，不只是應該遵守的規範，同時也是佛陀對我們的教誨，佛教典籍就稱爲Dharmakia是佛祖教誨中的主體。所以有些伊斯蘭教徒承認，佛教徒和伊斯蘭教徒有個共同點，就是兩者都有典籍可以遵循。Dharma可說是一本書，也可說是眞理，佛陀總是強調，眞理在我們想像不到的地方，但眞理是要解放我們。佛教是要在概念的架構下破除偶像崇拜Dharmakia是可以行遍天下的事實眞理。法，也是行動、道德、生活的指引。

　　我想提一下待會兒來到現場的丹尼斯喇嘛在6月的7、8、9日三天會舉辦一場跟法有關的會議，這個會議的主題就是回佛對談。會議中會討論到概念和經驗的辯證法、討論回佛兩教對「絕對」與「愛」這兩個概念的看法。我們在紐約哥倫比亞大學開始的主題，很高興能在法國得到進一步廣泛的討論。以上就是我們在哥大一點小小的成果，接下來讓我們歡迎馬來西亞代表報告當時會議的情形。

千卓拉‧穆札法

　　心道法師於2002年5月來到吉隆坡，這對馬來西亞當地回佛關係的確有很正面的效應。在我討論這個效應之前，先簡單介紹一下馬來西亞回佛兩教之間的關係。

馬來西亞回佛對談報告

　　回、佛兩教在馬來西亞，幾世紀以來一直和平共處，即使是分屬於兩教的社區團體也從未發生衝突。在馬來西亞華人居弱勢，其中大部分的人信仰佛教，而馬來人人數較多，其中大部分信奉伊斯蘭教。華、馬間難免有些摩擦，但都和宗教無關。真正引起兩者關係緊張，甚至導致1969年間一場暴動的成因，是繞著本地人與外來人的爭議打轉，其他還有經濟不平等、政治角色以及語言等問題。

　　心道法師於2002年參訪馬來西亞時，佛教徒和伊斯蘭教徒都是彼此相安無事。在他參訪的行程中，與好幾個回佛團體會面並接受媒體訪問，同時也參加了好幾場公開演說。由我所領導的非政府組織「馬來西亞公義世界國際運動協會」（International Movement for a Just World）也參與了其中一些活動。

　　JUST組織和法師的團體，也針對那些共同參與的活動交換了意見。JUST大聲疾呼全球文明社會與政府，採納國際慣例，保護各教聖地。心道法師所領導的組織，則是致力於保存聖地。我們承諾彼此交換心得、報告成果，同時我也接受了心道法師的邀請，成為世界宗教博物館的顧問。

回佛已進行多項實質合作

　　除了這些具體的合作、互助計劃之外，不論是心道法師和我個人，還是這兩個組織的成員，彼此都已建立起情誼。這份情誼實在要歸功心道法師的溫暖、慈悲和真誠，才能緊緊維繫。從這裡看

來，回佛之間的關係，在個人層次方面，也許是法師這趟到馬來西亞最大的收穫。

　　心道法師離開馬來西亞後，我在JUST2002年11月的刊物上，發表〈亞洲的伊斯蘭教徒和佛教徒〉這篇文章。這份刊物在130個國家發行，共有4200個組織和個人訂閱。2002年10月，佛教團體馬來西亞SGI創價學會和馬來西亞國立大學，合辦了一場名為「文明對話」的國際性會議；這種事還是史上頭一遭。同年11月底，JUST協辦了一場國際圓桌會議「全球化的宗教與道德基礎」集合了包括伊斯蘭和佛教徒等分屬不同宗教的人。「國際入世佛教網絡」（International Network of Engaged Buddhist）的蘇拉克‧西伐洛克沙（Sulak Sivaraksa）在 2003年3月間與其他四位成員共同簽署了一份亞太跨宗教的共同聲明，抗議美國對伊拉克開戰。2003年2月到4月，佛教團體在爭取和平的大規模活動「馬來西亞人民和平聯盟」（Peace Malaysia）中，扮演了舉足輕重的角色。

　　現在回佛之間的交流即使比一年前來得頻繁、密切，兩個宗教若想繼續維持這樣的關係，仍有許多地方需要努力。在道德層面，兩個宗教的確有很多地方非常接近，大家若是能為這些共同的價值觀努力，並將這些價值觀化為行動，關係一定更加緊密。

哈比伯‧丘寧

印尼對談報告

　　今天理應由婦女和青年團體到此地來報告，因為在印尼的對談我只負責聯繫的事務，其餘的工作都是由他們完成。我們找到一個大家可以暢所欲言的場所，真誠、廣泛、深入的交換意見。除了伊斯蘭教和佛教，我們也邀請了不同宗教的人士到場，包括天主教、基督教、印度教，也有當地本土的宗教團體參加。所以，那不只是一場回佛之間的對談，當天我們的主持人是史密德博士（Wolfgang

R.Schmidt）他是代表德國普世夥伴協會（World Council of Churches）參與我們在雅加達的討論。

婦女與青年人的參與

　　我實際上應該代表的是，策劃組織並安排對談的婦女和青年團體。我想告訴各位的是，對談不只是在會議室、飯店、或辦公室裡進行，也可藉著參觀博物館進行。在陪同法師參觀博物館期間，我們談到了，未來如何一起加入保護世界聖地的工作，因為大家都很關心這件事。穆札法博士也提到，實際上我們很支持這項活動，心道法師的加入更增加了我們的信心，所以我們真的非常高興法師能夠蒞臨。在心道法師來到印尼的前兩個月，我們那群青年夥伴們就已經策劃了幾場不同文明間的對談。

第一場：發展地區性伊斯蘭教研究，其中有一次討論的是「亞洲伊斯蘭教」。

第二場：對談的主題是「東南亞青年與學生運動的未來」在這場對談中，討論到了社會參與與學生生活。

第三場：對談的主題是「全球倫理與伊斯蘭冥想如何促進人類角色」（Global Ethics and The Contemplation of Islam In Promoting The Human Role）。

第四場：討論的是「全球化、年輕人及精神的挑戰」我們不只應該培養年輕人的情操，更應該好好思考全球化帶來的問題。

第五場：主題是「人權、人類義務與責任」這真是年輕人的福氣！因為心道法師來的正是時候。當時他們正在想辦法，讓不同信仰的年輕人能夠相互溝通、對談並建立互信。

第六場：對談的主題是「千禧年青年宗教交流對談」會議中的共識是我們真的希望世界和平趕快降臨，世界宗教博物館也贊助了這次對談。

　　在這次的對談中，青年們有個提議，就是他們想要再來一次對

談，探討和平、和諧、文化以及共同的未來網絡。這些年輕人非常關心人類共同的未來，因爲這不只是某一個團體、社區、組織或宗教的未來！大家都在同一條船上，所以一定要共同替未來的利益設想。在此非常感謝青年們和婦女團體的努力，如果沒有他們，就沒有那些精采的對談。

目前這個已經全球化的社會中，我們需要一個新的精神依歸，可以回應消費主義、文化同質化、社會經濟標準化、經濟和財政機構自由化、衛生與教育機構民營化等種種議題。

我們討論了教育、健康、文化、種族多元化，以及國家和民族起源多元化等問題。我們很關心這個多元化和民族認同的問題，這其中不可或缺的，也包括了原住民的問題，因爲印尼境內有超過350種民族，有些學者甚至認爲超過400種，而方言則超過430種。在這種狀況下，全球化對文化多元化就是一種新的威脅，因爲全球化講的是一致性。成立跨國的金融機構、解決民營化、健康照顧和用水的問題……在全球化的架構下，常用強制的手段，讓人覺得不公平。所以用水權、土地權、教育權等等，都是很重要的課題。

最後，我想告訴各位的是我們非常希望能繼續這樣的對談，我們可以用個人的經驗，深入分享我們解決衝突、帶來和平的過程。上禮拜我和哈比伯與大衛博士分享了我的電子郵件，我們正在推動一個印尼國家的道德運動，邀請了二十位來自峇里島、蘇門達臘等地的蘇丹、領袖和國王。大家齊聚一堂在雅加達我的辦公室裡，分享了國家與社區過去共同的歷史和記憶，我們同時希望在未來，大家都能融合成一個生命共同體。

瑪利亞・哈比托

我有個問題想請教哈比伯博士，您剛才提到，印尼的伊斯蘭婦女會主動參與活動和年輕朋友共事，甚至還會策劃會議。但是，很多人認爲，在伊斯蘭教的世界裡，婦女的地位不是很高，很多事也不能像男人一樣說做就做。在之前的會議裡，我們都可以聽到類似的

批評，所以您如何看待印尼的伊斯蘭婦女朋友，不管在政治、社會、宗教方面都能主動參與的這件事呢？

關於伊斯蘭教婦女參與的問題

哈比伯·丘寧

她們不只是策劃活動，甚至還主動參與活動第二天的會談。第一天的對談她們缺席，是因為當天是屬於年輕人為自己辦的對談，第二天是由婦女和年輕朋友一起合辦，所以有些婦女朋友也主動加入討論。她們也都參加過婦女運動。

1912年，伊斯蘭教的運動開始萌芽，很特別的是當時國家意識抬頭，除了男性在組織裡相當活躍，婦女同胞也組織了她們自己的團體。實際上，從20世紀前1990年代開始，婦女同胞就非常積極，但因為政治情勢的關係，在對抗荷蘭的戰爭期間，婦女運動沈寂了一陣子。40年代戰爭結束後，婦女又開始活躍，還組織了學校、孤兒院、成立健康照護中心以及合作社。所以，宗教在印尼並不只是儀式與活動，而是一種生活的方式。

伊斯蘭本身就是一種「方法」「伊斯蘭」在《古蘭經》當中以不同的名稱出現但意思都是「方法」，所以伊斯蘭、伊斯蘭教法（Sharia）就是方法。有時候我會告訴朋友，伊斯蘭不是宗教的名字，伊斯蘭是「順服」（submission）完全的順服。如果你是位伊斯蘭教徒，你就會完全的順服於愛、和平與善。所以印尼的婦女覺得她們可以自由參加任何社會、文化，甚至政治活動。即使在獨立運動期間，婦女團體還是最活躍的組織。

以我自己的組織為例，我大部分都是與女性伙伴合作，因為她們比較積極，比男性更有創意。女性參加的活動比較多元，從食物政策、公共健康照顧到環保、消費者議題等，都有女性參與，政治和藝術的活動也可以見到女性的身影。男人有時反而會侷限在政治運動，雖然這比較能帶來名利，但有時難免只能在現狀上打轉。以上

就是印尼婦女何以這麼熱衷運動，特別是社會運動的原因。再來我想邀請穆札法博士和恰沛爾博士來談談他們的看法。不知道你們是否也可以談談婦女參與這個問題？

大衛・恰沛爾

在馬來西亞的那場會議，讓我非常難忘。當時與心道法師一起參與會議的是幾位比丘尼，而進到會場我身旁坐的就是伊斯蘭教的印尼婦女。

大家時常會討論到伊斯蘭教婦女這個議題，但佛教社群的問題呢？台灣的比丘尼較比丘多很多，幾乎80%的出家人是女性，但是東南亞一帶，處在佛教文化影響下的婦女卻很辛苦。幸好，有今天這樣的宗教交流，婦女團體才能獲得力量。在此我要跟所有婦女同胞先道個歉，因為今天都是聽男人討論你們的處境，在座女性似乎比男性還多，我要深深的致上我的歉意。

千卓拉・穆札法

就對談本身而言，哈比伯博士的看法真的非常正確。婦女和青年人能參與其中確實值得注意，對於這種現象我一點也不驚訝，因為我對印尼社會算是熟悉，它的特性其實和馬來西亞有點類似。既然瑪莉亞現在提出了這個問題，也給了我們一點方向，也許您願意給我一點時間更深入談談這個問題。對於「東南亞伊斯蘭婦女」這個議題，我想是非常重要的。我有下列幾點看法：

首先，各位看看東南亞在殖民時期之前的狀況，會發現當時的婦女非常熱衷社會事務。當時的印尼社會型態與今日完全不一樣，這就要說到Archae女王所扮演的角色。Archae是位居東南亞的一塊區域，只要一提到伊斯蘭教，大家一定就會聯想到那個地方。

Archae由女王治理，女王不只是一種象徵而是真正的統治者。從歷史文件上看來，有些女王真的帶領軍隊上戰場打仗，她們是精神上的領袖，才有辦法帶領軍隊。由此各位可以稍微瞭解當時的社會

結構。進入殖民統治時期，不論是在馬來西亞或印尼，伊斯蘭教婦女在民族主義運動中都非常活躍。後殖民時期的印、馬兩國，婦女的地位就變得非常重要。

以我自己國家為例，伊斯蘭教婦女可以任公職，但世界上其他地區的伊斯蘭婦女鮮少有這種待遇。在馬來西亞，中央銀行的總裁之屬的職務，就是由婦女擔任，我們還有三位女性部長、副部長、國會議員、國會秘書等等職務都有女性擔任。我們女性擔任公職的比例也許比不上瑞典、丹麥這些國家，但數量仍非常可觀。

然而，這些情況卻一直未受重視，因為西方社會習慣上從阿拉伯世界的角度來瞭解伊斯蘭教，卻忽略了其他地區的情形。大家要知道，阿拉伯人實際上只佔伊斯蘭教徒人數的一成多，世界上最大的伊斯蘭教國家是東南亞的印尼；東南亞才是伊斯蘭教的大本營，但很多人討論伊斯蘭教的時候，常常會忽略這點，所以我們要趕快扭轉世人對伊斯蘭教的誤解，找出這些現象的原因。我很快的解釋一下我的看法。

第一點：在東南亞為何婦女的地位比較重要？這和這個地區以農業為主的歷史有關。在農業經濟的架構下，婦女通常扮演很重要的角色。而部落社會裡，保護者和受保護者之間有一套權利義務的關係，男人通常是保護者，而女人則受保護，所以男人的地位較崇高。但在農業社會裡，在水稻田和其他農地上，男人與女人各司其職，女人的地位也就相對的提高。由此可知，婦女的地位和東南亞社會的經濟結構很有關係。

第二點：我認為這個現象跟印、馬兩國的改革運動以伊斯蘭之名開始很有關係。從20世紀初開始，印尼提出要改革的呼聲比馬來西亞大。改革運動漸漸體認了婦女的重要性。例如在1920年代，有部分的改革運動同時在這兩個國家進行，有些帶頭的知識份子，發表了一些文章，提出女性享有平等的受教權，女性在政治上佔有一席之地的重要性，還有一些小說也描寫了這方面的故事。馬來西亞和新加坡獨立之後，從首任的總理開始，就很注重女性在公共領域上的角色。一直到1957年我們獨立後，也一直維持這樣的現象。

現場提問

我來自德國，我們的國家有三位主教而這三位主教都是女性。我們的宗教團體裡，有一些非政府組織，這些組織的成員通常都是由婦女所組成。婦女們組織環保團體、關心兒童的教育、熱衷於社區裡的政治事務，在地方上是舉足輕重。但是，為什麼像這類國際性的會議，女性通常沒有什麼地位？

汀娜・瑪琍安

對於女性的議題，我有個很好的個人經驗與大家分享。這幾年來，我正巧有機會與宗教界的女性領導人一起工作。最近我和一位來自美國的天主教本篤會的修女聊天，相信很多人都認識她，她告訴我，她已經開始邀請很多天主教修女與佛教比丘尼，大家聚在一起分享故事。

最近一次的聚會是在美西，與會的成員有美國佛教界的比丘尼和天主教的修女與修道士，大家全都是出家人。有位來自美國的比丘尼當時現身說法，她說：「如果大家你一言我一語的分享自己的故事，而不討論自己的宗教，根本分辨不出誰是佛教徒、誰是天主教徒，因為不管是在那種文化傳統底下，只要是女人，遭遇都很雷同，這是大家共同的經驗。」我認為這個現象很有趣。我知道這幾年來他們推行了很多運動，結合不同宗教信仰的女性，大家團結起來，相互聲援。

愛麗絲・格林費爾德

希望有人可以告訴我，伊斯蘭教傳入東南亞一帶之前，佛教、印度教如何超越伊斯蘭教的影響，改變了這地區伊斯蘭教徒的價值觀？這和宗教交流對談又有何關聯？

千卓拉・穆札法

我用兩點說明來回答您的問題：

第一點：複雜的文化與區域背景，讓參與宗教交流對話的伊斯蘭教徒，更深入、透徹地去思考，伊斯蘭的教義與真理。

第二點：各位會發現，不論是居住在地球上任何一個角落的伊斯蘭教徒，都是身處在一個大部分都是異教信仰的環境裡。全世界伊斯蘭教徒大約有四億五千萬人口，就全世界人口比例來說算是少數。伊斯蘭教徒不得不接受現實，思考自己與環境的關係。

伊斯蘭教徒必須與環境互動，和不同文化、信仰的人相處，如此一來，教徒們的思考角度就會受到環境的影響。馬來西亞的伊斯蘭教徒為何對其他的宗教信仰擁有比較開放的態度，環境就是一個很大的因素，因為馬來西亞有43%的人口都不是伊斯蘭教徒。所以環境因素可以改變一個人的行為、態度與思考模式。

印尼在文化層面上可以用「千層派」來形容。布魯克博士剛才提到，印尼在其他宗教傳入之前，就已經有自己的傳統，大約是在2500年前，印度教、濕婆（Shiva）和佛教大約是在12世紀左右融合，融合後的濕婆與印度教有共同使用廟宇的情形。

印尼目前呈現出來的樣貌，又是另外一次文化融合的結果，所以說印尼文化真的像是千層派，是一層又一層堆砌起來的。現在的印尼文化包含了外來的文化與傳統文化，每一個不同面向的層次，都豐富了現在這個地處東南亞的印尼。

阿隆·葛斯坦

有件事大家一定都會同意，就是今天辛苦了！我長話短說，盡量整合一些觀念，像是畫張地圖般，把我們所討的主題都畫在這張地圖上。這樣做的目的是，為我們今天精采的討論整理出架構，再運用這些架構建立一個我們可以繼續探討的藍圖。今天只不過是個開場，還未真正觸及對談的核心。接下來兩天才會進入我們真正的主題。以下的整理希望能幫助大家有脈絡的去思考我們的問題。

以更清晰的層次進行對談

第一點：許多的衝突與問題，我們常常會希望透過宗教對談來處理，但這些問題往往都不是因為宗教而起，反而多半是在特定的文化或政治系統下所發生的，問題的解決也必須藉由特定的文化或政治系統來解套。宗教問題必定與文化、政治、地理、區域性等相關議題環環相扣，絕對無法以獨立的方式來看待。這使得我們的工作更加複雜，但絕非不可能。

第二點：在冗長的會議中我們很容易犯了重複、沒有章法的毛病，這很正常，但我有必要，把下列這三個層面區分清楚。

第一個層面，打破既有印象。我們時常說無遠弗屆，全球的資訊、科技與通信雖然早已聯結成四通八達的網絡，但我們獲取資訊的管道卻被媒體所壟斷。如果我們要破除既定的印象，就必須依靠知識、研究與對談。對談首要的功能就是增進彼此的瞭解，發現彼此更深層的一面，以增進彼此的認知。

第二個層面，是幫助彼此成長。這個層面比較成熟、進步，是屬於運作的層次。我們可以給彼此什麼？如何透過對談成長？穆札法博士說：「若你生存的環境，遭受到別人存在的挑戰，你就會被迫更深入的瞭解自己。」

第三個層面，不只是認識對方而已。我們還要進一步的思考，如何共同面對世界，從對談到共同行動。目前我們擁有的共識是，宗教真的能對這個世界有所貢獻。我和心道法師、瓦希德總統三人不斷的出席對談，就是要促成這個願景。希望大家能夠同心協力為共同的問題盡一份心力。

進行宗教對談時，一定要清楚的知道是屬於那個層面。不要自己的問題還沒解決，就急著拯救世界。宗教對談深層的涵義，是幫助對方正視自己的問題，並超越、解決問題。我們之所以會來到這裡，是因為我們已經在某方面被說服了。也許，今天離開這裡以

後，還不一定能找到共同合作的具體方式，但是，大家都願意彼此幫助，這就是我們的收穫。

婦女的問題在於：女性到底有沒有地位？我想女性朋友們並不在乎她們有沒有地位，她們在乎的是，有沒有她們可以做事的空間。她們在宗教事務裡應該扮演著什麼樣的角色？對促進各宗教之間的瞭解是否有貢獻？女性能做些什麼？這些才是她們關心的事。熱情、奉獻的精神、忍辱負重的使命感，這些都是女性朋友們的特質。

年青人與會的問題，我想說說個人的想法。如果我們從不同的宗教信仰中找來許多童子軍，告訴他們：「大家來聽聽這些大人物的演講與理想，然後回到你們的團體中傳播這些理想，促進世界和平。」這個辦法可能行不通，我們在這裡討論的議題小如個人、大至社會、國家，這些盤根錯節、複雜到無以復加的問題，對我們而言都已經太沈重了。我們必須先思考出一些脈絡，再交由年輕人去執行，在執行的過程中，讓年輕人不斷的學習與成長。

最後，讓我們回到「如何共同面對世界」這個議題，聽大家討論這些問題很有趣，大家都不約而同的提到了保存宗教聖地。有位來自耶路撒冷的朋友說，耶路撒冷這個聖城是暴力的源頭，因為大家都在搶奪這塊聖地。我們在耶路撒冷舉辦過猶太人與阿拉伯人的對談，聖地這個議題大家都很關心，也都有共識。所以聖地這個議題很有意思，聯合國似乎可以從這方面切入解決一些問題。

（全文摘錄整理於2003年5月5日 「回佛對談」于法國巴黎 聯合國教科文組織總部）

巴黎 II

全球倫理善治

與談者

麥克·布魯克（Michael V. Brueck）：德國慕尼黑大學宗教研究教授《宗教對談》期刊主編，擔任達賴喇嘛的對談夥伴長達20年，專精大乘佛教與吠陀哲學，曾在日本修習過禪學，在印度馬德拉斯學過四年瑜珈。

達波仁波切（Dagpo Rinpoche）：1932年生於西藏東南的剛波，第13世達賴喇嘛認證為達波喇嘛仁波切的靈魂轉世，六歲時開始學佛，於1978年創立佛教達摩中心，開始教授佛法。

艾瑞克·傑弗洛依（Eric Geoffroy）：法國史翠斯堡馬布羅區（Marc Bloch）大學阿拉伯語與伊斯蘭研究學教授，內政部伊斯蘭教徒諮詢會成員。

安那達·古魯吉（Ananda W. P. Guruge）：美國加州洛杉磯省西來大學宗教學院佛學系主任，泰國曼谷世界佛教大學會議主席，歐洲佛教聯合贊助者，聯合國教科文組織與聯合國代表世界佛教協會副主席。

穆罕默德·卡吉（Mohammed Kagee）：南非開普敦宗教交流協會創始會員之一，此會致力於推動世界宗教會議活動，對促進宗教間的瞭解與對話貢獻良多。

伐勒卡亞・丹尼斯・廷恩卓（Lama Denys Teundroup）：1949年生於巴黎，曾修習醫學、哲學、心理等學科。在認識東方傳統後於1968年赴亞洲印度，並在當地師承卡亞柏傑・卡路・林波切。曾為卡亞柏傑的私人翻譯，1994年擔任由法國政府組織「薩嘎・當禪・李眉」宗教團體會長，以及歐洲佛教聯盟榮譽會長，致力於佛教宣揚，是歐洲重要的宗教領袖。

千卓拉・穆札法（Chandra Muzaffar）：馬來西亞回教意見領袖，「公義世界國際運動」（International Movement for a Just World）主席，為推展民主運動早年數度被捕入獄。著作等身，其中《全球化─亞太地區之宗教傳統觀點與經驗》極受各界重視。

阿隆・葛斯坦（Alon Goshen-Gottstein）：耶路撒冷的世界宗教智慧研究的以利亞學校校長，耶路撒冷貝蒙拉撒大學的Rabbinic思想（古猶太教神學思想）研究中心主任，為一猶太拉比（Rabbi）。

賽門・撒維爾・葛蘭德愛馬仕（Simon Xavier Guerrand-Hermes）：法國愛馬仕之家的經理兼副總裁，創立葛蘭德愛馬仕基金會，為世界宗教領袖的對話帶來助益。
蘇拉克・西伐洛克沙（Sulak Sivaraksa）：1933年於泰國曼谷誕生，泰國著名批評與激進分子，曾獲得兩次諾貝爾和平獎提名，為1995年諾貝爾正義生活獎（The Right Livelihood Award）得主。

阿卜杜勒赫曼・瓦希德（Abdurrahman Wahid）：1941年出生於印度尼西亞東爪哇省宗班的穆斯林家庭，1984年當選為印尼最大的伊斯蘭組織「回教教士聯合會」主席。當選印尼總統前，身為「回教教士聯合會」（Nahdlatul Ulama）領袖長達15年，一向以宗教包容力與政治中庸之道的形象贏得輿論界好評，在蘇哈托政權垮台後，瓦希德與其擁護者成立「民族復興黨」（The National Awakening Party）1999年10月14日當選為印尼第四屆總統。

釋心道（Dharma Master Hsin Tao）：靈鷲山無生道場開山住持、世界宗教博物館創辦人、愛與和平地球家創辦人。2002年3月於美國紐約哥倫比亞大學，舉辦首場回佛對談。

〈編按：內文中所有與談者皆使用習慣性稱謂，不再冠以全名及全銜〉

◎古魯吉 副主席

◎丹尼斯 聯盟

◎阿隆拉比

◎法羅 主教

◎用心聆聽 共享願景

心聲迴音 巴黎II

大衛（佛教與基督教社會研究機構總裁）：
我們都應該到最痛苦的地方，去瞭解存在於世界上的苦，去體驗並與之共存，去試著瞭解並找出回應的正確方法。

古魯吉（聯合國教科文組織聯合國代表暨世界佛教協會副主席）：
宗教信仰不同的對立要靠言語上的約束來緩和。慎言是寬容的基礎，是不同宗教間彼此理解、合作與共事的基礎。

丹尼斯（歐洲佛教聯盟榮譽會長）：
對我而言，精神復興運動是要改變內心世界，行善比信仰重要。

阿隆（以利亞學校校長）：
宗教對談，不應只是知識份子間的論辯，而應包含靈性生活的實踐。

釋心道（世界宗教博物館創辦人）：
一念之間所抉擇的善惡禍福是瞬間心念的主宰，其影響與共振遍及一切。

阿卜杜勒赫曼・瓦希德

「善治」應以全球倫理爲基礎，「全球倫理」又以攸關公眾利益的價值爲基礎。我們的經典說：「一位領袖的政策和行動，應該以人民的利益爲優先。」因此，伊斯蘭教教義認爲，公眾的利益，或者說人類的利益，是至高無上的。

在這方面，我要很沈痛地說，伊斯蘭教徒在有些時候，甚至在大多數的時候，都忘卻了神聖的經典《古蘭經》裡的訓示《古蘭經》說：「應該有人把善帶給人們，並維持正義。」我認爲把善帶給人們是很重要的，因爲這個信念，否決了所謂的自我中心利益，而主張公眾利益。如果我們每一個人行事作爲的出發點都是對眾人有益，全球倫理一定能生生不息，善治也會隨之到來。

伊斯蘭教是一個律法的宗教，最重要的是維持律法的主體性。律法本身，應當對所有同胞一視同仁，不因出身、文化、語言或倫理的不同而有所差異。以此爲出發點，建立全球倫理，這樣，我們就會受到伊斯蘭的祝福。

安那達・古魯吉

佛教徒在做好事的時候，我們說是在「積德」。我們有一個願是這樣的：「願天降雨使萬物滋長，願人們富庶，願統治者公正。」也許很久以前「Raja」這個字指的是國王，但如今「Raja」是指所有政府官員，指所有治理一國、一區、一村或是一個組織有關的人，這些統治者都必須要公平公正。談到治理的問題，佛教經常會提到——共同做決定。許多佛教典籍裡，都列舉了統治者應該具備的十個德行，容我在此說明。

統治者應該具備的德行

第一：就是好施。統治者必須慷慨、樂施，要設立許多慈善機構。

第二：要具備美德。何謂美德？在南非開普敦所舉行的世界宗教會

議（Cape Town，Parliament of the World's Religions）通
過一個法案，全球倫理四要素：即不殺生、不偷盜、不妄
語、不邪淫，若再加上不酗酒、不嗑藥，就是佛陀教育的道
德基本原則，一位君王應該具備的美德模範。

第三：在上位者要能犧牲，必須慷慨奉獻自己的時間和精力給人
民，這樣才是不自私。

第四：誠實。它和第五個德行──敦厚是分不開的。佛教一向強調
「不要粗魯」。言語也好，行動也好，都不要粗魯，因為言語
的殺傷力可能和行動一樣強。

第六：克己。統治者不應該被憤怒或其他情緒沖昏了頭，應該要能
控制自己。

第七：要有好脾氣。即「無瞋、無恚」即使在瞬間也不要動怒。

第八：不尚暴力。就是不害、不殺生、不傷生。

第九：寬容忍耐。君王必得寬宏大量，統治者必得寬宏大量。

第十：不做忤逆的事，要包容。以上就是任何職位的統治者都應該
具備的德行，也是佛教倫理系統中「善治」的理想。

統治者還應該避免三件事：

第一是：避免撒謊，不要向人民說謊。

第二是：要避免動怒。

第三是：不要嘲笑別人，避免嘲弄，也不要挖苦或諷刺別人。

　　也許佛陀認為，統治者必須具有這些特質，才能讓人民快樂。但
除此之外，佛陀還曾經詳細談過善治的七大步驟。

善治的七個步驟與例證

　　我認為這七點非常重要，因為他們能影響一切。每當我有機會談
論「治理」這個概念的時候，我必定會引述佛陀本人的話，同時加
上自己的詮釋，以提供這個時代各個地方的人們應用。有趣的是佛
陀一開始講善治的七個步驟，就開示說這是個「上升之道」

（Program For Development）也就是「避免墮落之道」。

第一：要經常和氣的會面與討論。以當今的情況來講，就是要充分
　　　參與公眾的生活及事務，遵守民主的討論原則，即使意見相
　　　左也要維持和氣。

第二：不要制定革命性的法律。不要違反已行之久遠的法律，應遵
　　　守從前的規範。以現今的狀況來說，就是要在傳統和現代之
　　　間取得平衡，改變宜緩慢並謹慎行之，不宜躁進。

第三：要榮耀、敬愛、尊重並崇敬年長者。要聽老人言，也就是要
　　　體認倫理、世代和智慧的價值與重要性。

第四：保護女性同胞，使其免受仇敵、誘拐和侵擾之害。亦即要體
　　　認女性的重要，並瞭解女性有受保護的需要。

第五：不管在聖殿裡外，皆應有榮譽心、自愛並崇敬。亦即要保護
　　　文化和精神道統。

第六：不要忽略風俗習慣，如此一來，一個國家的民情風俗、精神
　　　文化才能延續。

第七：必須確保有德行的人，能夠進到我們的土地上來，能夠舒適
　　　地在此居住。也就是說，對各種宗教和精神勢力，要持寬容
　　　的態度。在自己的領地上，打開門讓各種宗教進來。

　　佛陀認為，唯有如此，才能治理一個國家，才能照顧到政府、文
化、精神的各個層面；照顧到女性同胞、老人家和每個人，善治勢
必要涵蓋這許多領域。

　　佛陀傳道的目的不是鼓吹社會立法，而是倡導救贖的方法。但有
時候，佛陀還是必須對某些情況做出回應。有一次，佛陀和當時一
位飽學之士對談的時候，講到控制犯罪的問題。佛陀說：「統治者
也許認為只要把壞蛋捉起來，殺了他或關到牢裡去，問題就解決
了。但這萬萬不是解決之道，因為以暴治暴的循環，會不斷重
演。」那要如何解決犯罪問題呢？佛陀說：「務農的，就給他農作
物，讓他耕作；商人呢，就提供他們資金，讓他們做生意；對於公
僕，就給予優厚的待遇。」

要瞭解佛教對善治的態度，不但要參考佛陀的教導，也要從歷史上探尋。佛陀之後兩百年，有一位實行佛陀處世之道的統治者，他就是建立印度半島有史以來最輝煌、最偉大王朝的統治者阿育王（Emperor Ashoka）阿育王在位37年期間，大部分都能以美德與佛法治國，而未動用武力。

阿育王雖然不喜歡戰爭，但他也知道有時候戰爭還是會發生。因此，他告誡子子孫孫：但願你們的征戰，都是正義之征。假使真的必須兵戎相見，請記得兩件事：處罰要很輕，要能容忍、寬恕。阿育王認為執法者必須公正，對犯罪要有獨立的認識。他堅持法官只有全神貫注時才能問案，對人民的公正，要做到這個程度。

阿育王在12敕令中提到：「我對所有宗教一視同仁，我希望舉國上下皆能如此。」不要在背地裡批評他人的宗教，即使必須當面批評，也要謹慎地遣詞用字，在語言上一定要溫和。宗教信仰不同的對立，要靠言語上的約束來緩和。慎言是寬容的基礎，是不同宗教間彼此理解、合作、共事的基礎。

阿育王又說：「你以為攻擊或口頭侮蔑他人的宗教，就是榮耀自己的宗教嗎？你錯了。這樣非但不能榮耀你的宗教，反倒讓你的宗教蒙羞。」阿育王建議人們，要多瞭解別人的宗教，要與不同宗教的人多碰面。不同宗教的人碰面是好事。這點，從佛陀的話與阿育王的故事，以及許多統治者的故事中都可以得到印證。

善治　就是讓諸多惡行不存在的治理

舉個例子。佛陀的親戚們因為河流取水的問題，起了紛爭，正要大打出手，佛陀突然走出來，靜坐在爭執的兩方之間。雙方領袖走到佛陀身邊，對他說：「我們之間有重要事情要解決，請你讓開好不好？」佛陀說：「不行，我來這裡是要問你們一個問題，你們覺得一滴水比較有價值，還是一滴血比較有價值？」我們每個人與生俱來就有道德良知，遇到狀況時我們的良心會知道答案。道德、規

範、法律可以從外部附加，但我們的良心會告訴我們，血比水的價值高過許多倍。

再舉兩個例子。斯里蘭卡與泰國這兩個國家的統治者，用非常有趣的方式避免戰爭。兩國的時代背景很雷同，斯里蘭卡是被南方的印度侵略，泰國則爲緬甸所侵略。當時斯里蘭卡的國王和泰國的王儲就跟侵略者的領袖說：「我們的士兵爲什麼要爲我們兩人喪生呢？就我們兩個打一場吧，贏的人就是統治者。」他們的做法當時拯救了許多人。

另一個故事的背景是，斯里蘭卡的國王反對當地傳統的僧院，支持當時由印度傳入的某支佛教教派，這事逼得宰相要起兵反抗，雙方是劍拔弩張。打仗前一晚，宰相發現送上來的晚餐是咖哩，這道菜是他和國王兩個人的最愛。宰相冒著生命危險，帶著自己的晚餐深入敵營，找到國王並和國王分享美味的咖哩。是夜，國王與宰相兩人促膝長談。之後，他們發現不需要打仗了。這樣的例子在生活中能實踐多少，又能給我們多少啓發，端看我們如何規劃教育與權力系統。善治——就是讓憤怒、貪婪、無知、暴力無法存在的治理。

塔勒

如果希望對談更有建設性與創意，我倒寧願討論更具爭議性甚至牽涉全人類的話題，我是伊斯蘭教徒，伊斯蘭世界不容易接受宗教多元的觀念。我想，若要對話與合作，就不能不想到當前經濟、政治、文化上的發展，也就是所謂的「全球化」。

「善治」是否爲西方論述？

在全球化的時代中「宗教對談」的意義是什麼？在全球化、現代化、通訊以及科學發展背後，我們發現了「歐美化」（Occidentalization）的事實。世界上大部分地區就算不主動加入經濟的變革，這些變革還是會自己找上門。

全球化、全球倫理與善治這些原本是西方世界的問題，卻是「南方世界」的領袖被要求解決這些議題，有些事情表面上看起來是全球的問題，但事實上這些都只是西方世界的問題。我並不是完全否定西方國家對全球化議題的貢獻，但我真的認為，全球化大部分都是西化。經濟全球化不過就是西方國家想拓展全球市場，這個觀念已經由美國一位知名經濟學者華勒斯坦（Walenstein）所提出，如果我們忽略了這個問題，不管是有意或無意，後果都不堪設想，如果經濟和法律都朝向「全球商品化」（Global Merchandizing）邁進，那宗教對談又有何意義？

之前有講者提到水源分配的問題，我想水源會是下一個引起全球討論的焦點。水，不再是公共的資源，水，已經成為一個商品，由某些企業體操控。我不是故意要避開這場對談的主題不談，我也相信我們在閱讀那些字眼含糊、要我們「行善」的經文時，一定要小心。我絕對不是排斥這些經文，我非常虔誠，但一定要謹慎。《古蘭經》要信徒做善事，遠離罪惡，這令我想起一句法國諺語，與其說我是在抗辯什麼，倒不如說是對以下這句戒律做個詮釋：「通往地獄的路是用善意鋪成的。」拚命努力要做善事，有時候反而讓事情變得更糟。

我們現在進行的是與全球倫理善治相關的宗教對談，在此同時全球化已經改變了國家領土的意義。當「國家」的意義已經不再受限於領土和政府的範圍，這種討論還有意義嗎？南方世界國家的統治權已發生了危機，我甚至相信討論善治的問題，是在摧毀這些地區的國家體制。

回佛對談，我們不該只說些美好的、仁慈的、虔誠的話語，我們不應該只說回、佛兩教促進其他宗教彼此互敬。我寧願想知道伊斯蘭教是否給佛教帶來一些特別的訊息。我並不相信什麼概括性的跨宗教對談。對談該由當時宗教對話的真實性與現實情況來定義。

我是阿爾及利亞人，而且永遠都是，我也是阿拉伯世界的一份子。當我跟朋友提及回佛之間將有個對談，他們問我：「這和我們

現在的狀況有什麼關係？」所以，我的立場可能和來自佛教世界的人不一樣，我只關心回佛兩教之間的歷史與邊緣文化，是否會讓我們成為戰場最前線的犧牲者。我並不想再看到東正教和伊斯蘭教的戰火從巴爾幹半島延燒到中亞。所以這裡又產生一個和對談有關的地理政治學的議題，但這不只是伊斯蘭世界的問題，而是整個地球的問題。

資本主義者是「經濟人」（Homo Economicus）缺少內在生命的無聊人。正如之前有人說，這種人的「內在避難所」已被剝奪；這種人唯一的功能只剩下生產或消費。60年代的時候單向度（Marcuse）已經批評過這個情況，還發明了「單向度人」這個形容詞。經濟人也好、單向度人也罷，都是現代資本主義的結果，也是現代資本主義想散播到全世界的模式。對我來說，全球化的真正意義，就是將國家資訊、環境資源、與基本教育私有化。

宗教對談跨越二元對立

宗教對談一定要提出一個新模式讓人類遵行。根據伊斯蘭傳統，應該是要朝發展成「全人」（Total Human Being）也就是「完人」（Perfect Man）的方向前進，彰顯神的力量。「全人」，容我在此大膽的說，就是神的樣子。同時，依照亞里斯多德學派的說法，就是所有異己的綜合體。長久以來不論神話或傳說，都傳播著一個訊息：一定要結合第三團體，而不是將他們排除在外。我們一定要超越二元論的限制，不可自限於「是非、黑白、對錯」的選擇中。所以，大家一起來摒棄「單向度人」接受「完人」成為我們生活的新模式。

這裡所謂的世界並不單就空間來講。杜斯妥也夫斯基的《卡拉馬助夫兄弟們》（"The brothers Karamazov"）紀伯倫（Khalil Gibran）的《先知》（"The Prophet"）為何能不受地理疆界的影響，而受到如此廣大的歡迎？是因為內容品質的關係。這點倒不失為遊說南方國家向西方世界開放門戶的理由。我會將此次回佛對談視為南方國

家的事務，實在是因為我們南方國家極需要這樣的交流對話了。這不是要對抗西化，因為根據我們宗教的玄學理論和精神，地理疆界與宗教教派之間的隔閡是不存在的，真正的隔閡是在於我們的內心。讓我再舉兩個例子，不管從文化、人類學或是歷史的角度來看，美國其實已經分裂成兩個部分：一者，拓荒精神。象徵著希伯來人努力尋找聖地的重現，這部分的美國就是在主導全球化。另一部分的美國，則是為獨立自主而奮鬥。這兩個部分形成了國家不同的面貌，也有不同的目標。我們在伊斯蘭教看到了類似的分裂。阿富汗塔利班政權摧毀巴米揚大佛的事件就是個例子。在亞洲、中國或拉丁美洲殖民地上的基督教傳教士，同樣反對基督聖哲埃克爾（Master Eckhart）的主張，有些人將其比做佛教的香卡拉（Chankara）或伊斯蘭教的伊本‧阿拉比（Ibn Arabi）。所以，最重大的分歧是發生在內部。

包容的真意　是尊重多元文化的態度

最後一個議題，我們必須用什麼樣的態度，才能讓宗教對談有豐碩的成果呢？我有些個人意見，提供給大家作參考。

幾乎每個宗教都具有排他性（Exclusion）大家都認為只有自己的宗教是最好的信仰，如果這樣的心態不改變，是無法讓對談有所成果。在以往的對談中有一種很糟糕的態度，就是包容（Inclusion）「包容」在宗教對談裡最為常見，許多對談的結果常常只達成對強者或極端份子的「寬厚」態度，對於弱勢或被侵犯的團體、組織與國家反而沒有實際的救援行動，這樣的態度就像是在默許強者或極端份子的予取予求。我要再度提醒大家，沒有實質的行動就不可能解決不公、不義的問題。

我個人所喜歡的態度是多元化，面對多元種族、文化、宗教，不管是差異的部分還是相似的部分，完全敞開心胸接受彼此，沒有任何的但書就是全心全意的接受，這才是名副其實的接納。

蘇拉克・西伐洛克沙

　　政治是人與人之間的關係。政治促進了我們與別人的對話；政治突顯了彼此的差異；政治帶來了尊重、信任、無知與屈辱；政治也帶來了恐怖攻擊。政治是一個倫理問題，倫理也是個政治問題。倫理和社會分不開，需要有集體的行動，所以真正虔誠的人不應排斥社會，而應促進社會公平與改革。

善治　是解決苦難的方法

　　我有位朋友做過以下的觀察，他說：「我發現佛教傳統在進行改變的時候，佛教徒都會起而響應，他們認為世人共同的苦難，必須以共同的力量來解決。」

　　假如政治是解決苦難的方法，那我們也許就可以來談談善治。政治要能解決苦難，就要是非暴力的。非暴力除了有道德和政治上的涵義之外，還有經濟上的意義必須探討。我們要討論的，還包括結構暴力，包括貧富間所得的龐大差距，尤其是貧窮的非白人勞動階級婦女，我們要討論飢荒、國際債務問題、國際貨幣基金的結構調整方案，還有不公平的「自由經濟」，以及砍伐森林的問題等。

　　如果必須用一個詞彙來說明佛教教義，我會說「非暴力」（Non－Violence）對自己沒有暴力，對他人也一樣。「非暴力」是佛教的主要訓示，不過其他訓示在講到全球倫理與善治時，也是很有用處的。關於全球倫理與善治的任何討論，也許可以從各個宗教的共同主張談起。這些主張很普通，普通到不需要有信仰也能知道。它就是佛教的五個戒律，不殺、不盜、不邪淫、不妄語、不飲酒鬥亂，這是全球倫理很好的起點，但必須加以重新詮釋，才能符合當今世界的狀況，解決當今生活的困境。

　　我們生活在一個極端的世界，舉例來說現今的科學非常唯物，工業技術也大多掌握在企業體手中，之前講者詳談過的資本主義、國家

權力、大規模毀滅性核武、大眾傳播體系、甚至主流教育系統，都有很大的問題，因為主流教育系統造就的只是頭腦，不是心。

直至目前為止，我們的教育並沒有對下一代產生善的循環。我們必須謹慎使用佛教的五戒，來因應現代生活的種種特性。就從戰爭開始談，真的有所謂正義之戰嗎？符合倫理的戰爭，就是不戰。全球化、貧窮與環境破壞，這兩者都是要人命的。我們應該思考如何重新分配財富和資源，以造福更多在這世上短暫而苦難的生命。我們需要認知上的多樣性，必須建立和平的文化，提倡自由教育。這些議題都需要以憐憫心，以不暴力的精神來解決。和平的種籽，必須同時在我們身體內外播撒，即使是美國總統布希和英國首相布萊爾，也值得我們以憐憫心對待。

最後，很重要的是，談到全球倫理與善治，不能只是去探討或試圖理解惡的新面貌，應該同時討論善的呈現。我們不能只列出一張「禁律」的清單，因為從惡中是生不出善的。

釋心道

近百年來，全球倫理成為人類新的課題這是經過漫長的歷史，才能成熟的生活態度。為了地球家的共存共榮，我們要透視各種以種族、國家、地區為藉口的本位主義，冷靜地釐清問題。目前最困難的部分是觀念的突破，全球化問題重重，如何讓人信其可能，並願意克服現實困難、建立信心，才是真正的難題。我相信，一旦反省開始普遍，即使最微不足道的個人，也將是成就整體的關鍵！當然，啟蒙與行動必須同步。

提倡全球倫理　解決全球化的負面危機

過去人類歷史發展並非依循「地球永續」的原則，以致於全球化常常曝露出失序、脫軌，甚至混亂的危機，造成全世界極度的不安

定。目前的全球化，負面多於正面，隱憂多於契機！這股市場導向、資本控制的全球化經濟潮流，夾帶強勢的資訊科技席捲全世界，小至個人大至社會、國家無人可以抵擋。這種唯物觀點的全球化，對功利競爭只有加溫激化，讓人與人的互動模式越來越冷漠也越來越疏離。

不管是天災還是人禍，我們總是一再目睹大災難後才反問：「這是我們所想要生存的世界嗎？」這個失衡的全球化持續下去，極可能是全球化災難的開端。全球化既然無法避免，我們討論的重點應該不是被動排拒，而是如何主動積極順勢結合其趨勢能量，讓科技與人性、物質與精神真正取得平衡，造福人類的生活。在這裡我們討論不是某一套理論，而是建立反省問題的自覺能力。

宗教靈修的傳統提供生活落實的依歸。以「生命關懷」與「靈性價值」為座標，重新思惟全球化的發展模式，此中有兩大課題：

第一：必須引導世人思考「全球化」應當如何發展。

第二：「全球倫理」如何落實。這是充滿挑戰、值得人們重視的歷史問題，應落實成為全球化時代的主要生存信念。

全球倫理的風潮正反映宗教傳統的可貴。就全球利益的觀點，整合出共通性的生活原則，並非一套倫理學問、學說。這些基本生活的原則，必須實際符合各大宗教的基本精神。1993年世界宗教大會提出〈全球倫理宣言〉最大的貢獻是指出世界真正的危機，在於文明崩潰的內在因素，光是依賴1948年聯合國通過的〈人權宣言〉不能支撐人類的文明。人們意識到只有要求自身內在態度的改變，才能遏止人類朝向負面發展。

繼〈人權宣言〉後半個世紀，即1998年，聯合國希望能再跨出歷史性的腳步，讓〈全球倫理宣言〉順利誕生，但是好事多磨，循序漸進的區域性全球倫理發展，應即時防止全球危機的持續擴大。千禧年後的世界情勢急轉直下，遠不如人類期待的美好，幾個密集出現的重大國際事端震撼全球，脫序的世界令人膽顫心驚。我們確實有必要加速催生〈全球倫理宣言〉讓人性價值的尊嚴得以維護，世

界和平可以確保。

　　1993年當〈全球倫理宣言〉被提出來時，我已經從山洞出關，並計劃籌建世界宗教博物館。籌備博物館的經驗證明，地球是個大家庭，共處之道有賴包容對立、尊重差異、博愛生命。宗教交流的基礎是經驗的分享，透過誠懇的分享是唯一擴大參與的最好方法。有很多超越問題的珍貴友誼，包括今天促成這次會議的各位，都是我生命中的奇蹟！去年在馬來西亞，我曾經回應四個佛教觀點的實踐心得，今天再次分享。

第一：回歸自然儉樸的生活。

第二：以「無我」的觀照，放下各種執著與煩惱。

第三：以慈悲的態度，尊重、愛護一切的生命。

第四：圓滿生命共同體，讓相依的生命和諧共存。

　　資訊虛擬化，造成時間的極度壓縮感；交通發達，造成空間的相對擴大。因果的關係已從「前世今生」演變成「即因即果」。空間的關係，是無遠弗屆的全球交錯網絡「一即一切，一切即一」的事實顯示，存在一念之間善惡禍福的抉擇，是瞬間心念的主宰，其影響與共振遍及一切。

　　「全球倫理」必須從「因果觀念」出發，對應政治、經濟實體的問題來討論「善治」與否。此意謂國家主權必須以全球利益為前提，為民眾謀福利。現今全球化移民潮，與國家界線日益淡化，各國政府花費鉅資在軍備武器，普遍民主與環境生態的問題卻遲遲無法解決。這些以國家安全為考量的武力競賽，與地球的安全究竟有何關聯？這不是簡化成普遍道德原則就可以解決的問題，必須透過更積極的技術討論來暖身。

　　無論如何，站在地球家和平共存與永續經營的共識上，重新思惟定位是絕對必要的！各國若共同撥一部分的軍事經費，來平衡其國內其他問題的供需關係，甚至平衡跨國的全球供需，那麼，貧窮飢餓、環境破壞的問題自然日漸消融。

解決新世紀人類生存的危機，有賴更多的關注與實踐。我們深知，和平不會自己憑空發生，願大家同心協力創造和平的善治世界。非常感謝大家耐心地聆聽！

千卓拉・穆札法

不殺生、不偷盜、不妄語、不邪淫是我們所關注的四大倫理指示。但有一個倫理原則，是超越這四個指示的。這個倫理原則是什麼？就是「己所不欲，勿施於人。」更積極的來說，就是「己之所欲，施於人。」這句話是生活中的金科玉律。各種宗教裡，都有這個概念。

全球倫理原則　己所不欲勿施於人

伊斯蘭教的說法是：「在你替鄰人懇求的事，和替自己懇求的事一樣之前，你都不能算真正的信徒。」

佛教說：「用自己希望被對待的方式，來對待眾生。」

印度教說：「自己受時會感到痛苦的事，不要施予他人。」

基督教說：「希望別人怎麼待你，你就要怎麼待人。」

錫克教說：「要為了自己行善，總不能期待播下多刺的種籽，會長出甜美的果實來。」

猶太教說得很直接：「自己討厭的事，不可施於鄰人，這是最基本的原則，除此以外都是次要的。」

巴哈伊教說：「如果你的雙眼能從公正的角度看事情，你替自己選擇什麼，就要替你的鄰人選擇什麼。」

這個金科玉律是生活的重要原則，所以德國思想家漢斯・昆（Hans Kueng）在詮釋全球倫理時，特別強調了這個原則。但很遺憾，國際社會至今仍未體認到它的重要性。

這個原則如何在生活中的各個層面運作呢？如果你對你的朋友偽善，那麼別期望他會誠心待你。兩性關係也是如此，若希望對方愛

你，就應該向對方表達你對他（她）的感情。在多種族社會，這個原則就表示不同社群之間，應該建立互相信賴的關係。

這種「以其人之道，還治其人之身」的道理，同樣也適用於國際政治和全球治理。如果我們希望別的國家和民族，尊重我們的主權完整性以及權利，那麼我們就應該相對地尊重他們。回頭看看911事件，就可以瞭解這個道理。911事件使許多美國人感到震驚和迷惘「怎麼會有人想要殺害我們？」「為什麼有人痛恨美國？」「我們對別人做了什麼事，要受到這樣的報應？」美國人不可置信地問著這些問題。大部分的美國公民，都不知道第二次世界大戰之後，在拉丁美洲、中東和東南亞國家，有幾百萬、幾千萬的無辜男人、女人與小孩，直接或間接地命喪在美國軍方手中，藉以維持「美國霸權下的世界和平」（Pax Americana）。

美帝的專橫強勢，激起受害者太多的痛苦與憤怒，以致於當今世界上的許多地方都有極端份子，願意成為自殺炸彈客，給華府的當權者一點教訓。從這個角度來看，911事件是種報復行動，企圖藉此報復美國對世界上其他國家人民的所作所為。

美國違背全球倫理原則 導致 911 事件

所以，如果華府的當權者和美國人民不希望911事件重演，就應該實踐生活的金科玉律「己所不欲，勿施於人」這就是我在911事件發生後的第四天，致布希總統的公開信中所強調的。然而，若要在國際關係中實踐這個原則，就必須有克服結構上和心態上重大阻力的準備。如果國家之間在全球事務上的影響力不是實力相當，我們就不能期望一國把另一國當作對等的實體來對待。

如今美國比世界上任何國家都強得太多太多，在軍事方面更是如此。美國擁有雄厚的實力，可以施行暴力，可以殺戮傷害他國人民，可以對美國人以外的人類造成極大的傷痛與苦難，因此其他國

家和人民在美國這個超級強權面前，只有怕得發抖的份。

　　舉凡政治外交、經濟金融、資訊文化、科學技術和運動娛樂各個方面，美國都是傑出的世界強權。它太傑出，以至於覺得自己可以對他人為所欲為，別人沒有要求補償的權利。就是這種壓倒性的權力，讓華府這麼目中無人。這種沒有限制的權力，促使華府一次又一次地違背這個生命中的金科玉律。

　　擁有絕對優勢的權力讓人違反這個金科玉律，不只華府而已。近代史上，包括俄羅斯、印度和印尼等大國，在和鄰國的關係上都曾違背這個金科玉律。在個別的民族國家裡，當菁英份子掌握太多權力，卻不願對人民負責的時候，他們經常就會濫用職權。在兩性關係上，歷史上許多父權社會中的男性，在身體、文化與歷史因素上所佔的優勢，讓他們傷害居於弱勢的女性，讓她們遭受種種不公平的對待。

　　我們應該改造國際組織，讓大國與小國能以平等的，像兄弟般的關係相待。當然強大的國家對國際事務的影響力，永遠比弱小的國家來得大，唯有這些大國同樣服從國際法律、規範與準則，所有的民族國家才能在國際舞台上享受同樣的權利，負擔同樣的義務。唯有如此《聯合國憲章》中所提到的人類尊嚴才有意義。

　　要朝更平等的方向改革國際治理機構，並不容易。大國必定會反對這樣的改革。過去八年來我們看到，每個要讓聯合國更民主、更平等的提案，全都在美、英、法、俄等國家巧妙操縱下擱置了。正因為如此，全球公民社會更應該繼續不斷地追求一個更公平的國際體系。

三 C 資本主義　破壞全球倫理原則

　　致力推行生命金科玉律的人，應該努力把關懷、分享與施予的態度，一點一滴灌輸到家庭、學校、媒體和其他能夠塑造社會價值觀

的管道去。我們的努力也許會有一些成果，但這條路行來不易。自利形諸於外就是自私，自利是人類的天性。當大環境要與我們做對時，我們又該如何改變人們心中根深蒂固的價值觀與心態？

我所說的大環境，是指塑造全球環境的企業體、賭場和消費主義形式的資本主義，我把它們簡稱為「三C資本主義」三C資本主義奠基在無知的獲取與永無休止的名利追逐上，它容許大公司之間進行合併，鼓勵投機、讚揚消費。資本主義文化中的獲取與追逐，是以貪婪和自私為動力。三C資本主義最明顯的特色與其存在的證據是，世界上最富有的三個人的收入，居然超過最落後的48個國家的的國內生產毛額這個事實！

地球上半數以上的人，每天靠不到兩塊美元維生。歐盟國家一個月花在一頭牛身上的錢，比撒哈拉沙漠以南的非洲人民一年的所得還高。這種情況日益惡化，1960年全球所得前20%的人賺的錢，是最後20%的30倍；到了1997年，這個數字變成了85倍！如果在這樣大的財富差距之下，人類還能若無其事的過活，原因就是，自私戴上了受人尊敬的面具，貪婪也得到了正當性。

靈性時代的主流思潮

是否有什麼樣的事物能改變這個體系？宗教的價值和原則也許是我們的一線曙光。回顧歷史，只有精神上的覺察、靈魂的覺醒，才能改變個人甚至社會。偉大的國王阿育王，是在經歷羯陵迦（Kalinga）戰役並皈依佛教之後，才改頭換面成為一個有人性、公正的統治者。

麥地那和麥加的阿拉伯人，是在虔信伊斯蘭教之後，才變成擁有強烈倫理原則、願意為上帝和大眾犧牲自己的民族。在先知穆罕默德的領導下，他們才經歷這樣的道德蛻變，最後讓伊斯蘭教徒在正義與平等的價值觀導引下，在八到14世紀之間打造出光輝的文明。

全球許多地方都有宗教的復興在進行。連在近兩世紀脫離制度化宗教的歐洲，聯結超越者和聖者表現出來的靈性意識，也開始再次出現。這個世界是否正邁向一個新的靈性層次？也許「己所欲，施於人。」這個最偉大的道德原則，會在這個新的重視靈性時代思潮中重生。

班卻克

這場會議辦得真是時候。一方面是因為當前世界的局勢實在是一團混亂，一方面這又是另一個千禧年、21世紀的開始。現在正是心存善念的人發言、聚會、對話的好時機。所以我認為，回佛對談同時也帶來了一個挑戰、一個賭注和一次機會。

我們猶太教和基督教弟兄之間的會議，的確是為了解決一些困難，但我覺得還是有些混亂，因為這是一個家族的事情，應該說是同個思想體系的家族，但這層關係有時又會成為對談的絆腳石，因為兩者的神學觀有點接近又不太接近。我從這個世界一團混亂的情況開始談起。很多人說這是個支離破碎的世界，到處都是裂痕、傷口，這讓很多人手足無措，不知道未來在那裡、該往何處去。

希望所有的人，不論是誰，不只是簡單的容忍而已，更要放棄高傲的態度。這需要關懷、考慮到他人還有真正去愛人。「愛」這個字也許已遭濫用，但我們還是要去實踐愛人的行動。一種神學上的愛，一種奉獻無私的愛，一種強而有力、熾熱的愛，一種不求回報、存在於所有傳統的愛。

丟掉本位主義 會讓世界更美麗

撒哈拉以南的非洲皈依伊斯蘭教的過程就可以提供大家做為驗證。印佛與回佛之間的對談紀錄也會在歷史上留下一筆，供後人參

考。法律專家和神學家總是以自己爲中心來看世界，但現在這個會議已經將這個中心化去除。我相信很多朋友都知道，異己的存在是有其必要性的，即使我不喜歡對方的眼神，但實際上我還是需要；雖然我不想讓自己徒增煩惱，但對方的想法會讓我更深入的去探索自己，爲何我不是最好的？爲何我不夠完美？爲何我不是他唯一欣賞的人？換個角度來看，反對自己並對自己做出批評的人，我們應該感謝他，因爲他讓我們有機會反省，有機會讓自己變的更好。

誰有權利以高壓、威脅甚至懷疑審問的眼神，來限制別人的行動自由與自我？所以，回佛兩個宗教人士如何能夠共同合作，探討各自的聖典經文，並發揚人性的尊嚴、關懷世人以及發揮人性的光輝。這需要雙方開誠佈公，在道德與全人類福祉的基礎上共同努力，而不要陷入道德教訓或是以辯護的方式呈現，在這裡我想與大家分享兩、三段《古蘭經》經文。

《古蘭經》49：13：「喔，眾人啊。」而不是「喔，眾教徒啊。」全文如下：「喔，眾人啊！我確已從一男一女創造你們，使你們成爲許多民族與種族，以便你們可以認出你們中最尊貴、最虔誠者。」

寬大慈悲、全知全能的神，本可製造一個社區就好，但祂並沒有這樣做。這種語言、種族、文化、宗教的多樣性，對我這種有信仰的人而言，就是神的象徵，也是神的規劃。至於我們更精確的來說，這種多樣性既是一種試煉，也是一種快樂。

以全球倫理爲基礎　追求善治

人類就像是一頭危險的狼。希望和平降臨，我們就得有心理準備，隨時會發生戰爭。我們之間的差異，就成了衝突與摩擦的來源。缺乏瞭解，最後就會變得極端無知。多樣性，其實是一種無法計量的快樂來源，我們應該敞開心胸，迎接他人。我們可以一

起禱告：神啊，請打開我的心胸，以迎接你所創造的萬物，或者將其粉碎，讓萬物都能雨露均霑。

丹尼斯

在這裡所聽所見的，都讓我感到非常和諧寧靜，如果佛陀說的話都是好話，那這裡很多話都是他想說的。瓦希德博士告訴我們，善治必須立基於全球倫理之上，我們已經聽了那些原理原則。我們伊斯蘭教的弟兄穆罕默德說，不知道是否可以和他們稱兄道弟，與我們基本的價值觀其實非常接近。我們在「對談」，同時也回答了彼此心中的疑慮，這是非常重要的事。我發現若是要譴責那些經濟人，不如創造一種理想的人類模式，「道德人」或是「精神人」。

在此我也願意引述達賴喇嘛所說的話：「對我而言，我所謂的精神復興運動是要改變內心世界，行善比相信更重要。」我想強調的是共同起源的重要性，而這個起源其實是心靈深處的一種經驗。用道德的術語來說，就是非暴力，就是同理與愛。它可以有很多種說法，我們也叫它慈悲心，一種訴諸開放感情的特質，心胸寬闊開放，深層的經驗中存在著共同的起源，已經在內心深處生根。

伊斯蘭的朋友弟兄們，我們可以組織起來，我們會思考「絕對」和「愛」的意義，同時也要彙整、補充大家的看法。伊斯蘭和佛教徒對「絕對」的看法一致嗎？神是絕對的嗎？佛法是絕對的嗎？和伊斯蘭教徒的看法又有何差別？這絕非細節的問題，而我在此僅簡單回答，聰明的人能夠接續「絕對」裡的分歧點。

麥克・布魯克

我想，「相由心生」不僅是佛教用語，思想來自心靈，情感則與個人的思考方法、意念息息相關，並左右人的行為。今天的談話我們不僅提及了不同文化的優點，而且是真心要處理現代的問題。就像穆札法博士說的，我們得革新傳統以應付當今的嚴重問題。這意味著什麼呢？

從內在轉變　追求生命共同價值

我認為，這意味著我們必須釐清想法，亦即釐清用詞。但光有優美的文詞是不夠的，語義也必須明確，至少在我們現在的社會是如此。以下我舉幾個例子來說明。

「全球」及「全球化」是什麼意思呢？其實全球化不過是檯面上的說法，實際的內涵是獨尊某種生活形態。

「民主」又是什麼意思呢？民主已是岌岌可危，只因為世人極度無知，又不當利用物資、文化、知識等資源。

而所謂的「公正」又是什麼？倘若我們凡事都要求「公正」，政黨、政治體系、思想體系都以「公正」為依歸，或是以「公正」之名對抗別人，那麼我們就必須依照我們現在的認知，革新所有的觀念。

我們需要各種不同的聲音同時存在，這是非常重要的。因為我們對事物的認知，取決於看事情的方式。我們並不僅僅是依據客觀事實，個人觀點，也會影響對事情的認知，進而影響行為。在傳統上，宗教與思想傳統也會影響個人的行為。

猶太教徒、基督教徒、伊斯蘭教徒都非常熟悉的《創世紀》提到了世上第一對兄弟感情不和，也就是該隱殺掉亞伯的故事。該隱為什麼要殺弟弟？因為他貪婪又沒有認同感。我們應該要注意，不要再說什麼「他們」「我們」，把美國人、資本主義者貼上「他們」的標籤，以相對於「我們」。其實「他們」也受這個體系所害，大家都知道，他們自己也得遷就這套自我剝削的商業架構。日子已經夠苦了，就不要再樹立新敵人或新障礙了。

要做出改變，不能只是嘴巴說說，內心卻不願意改變，那樣是沒有用的，一定得在當下改變，並落實在生活中。我想宗教、個人及團體，首先可以做的有兩件事：

第一件，靈修。要真心敬重教主與先賢。在此我們可以向彼此學到很多東西，我們會不斷受挫，畢竟人的力量是十分有限的。可

是，無論如何，我們都可以滿心喜樂地互相鼓勵，堅持下去。

第二件事，即鼓勵彼此抵擋「簡化論」，反對「單一化」。

順便提一下全球化及西化。其實「西化」也不能叫「西化」，它只不過是開始於西方的大潮流。西方國家和世界上任何一個國家一樣也受到「西化」壓迫。只要是大刺刺地利用「三C」的地方，都必須以道德力量加以阻擋，但光是呼籲是沒用的。你會做些什麼事情取決於你的爲人，而不是取決於你說了些什麼。不論你是誰，說什麼語言，住在什麼地方，有沒有宗教信仰，都能夠用心善待生命，人類、動物、植物，全部的生命。

挑戰我們的生命力從體認到存在，都能使我們在當下體認到美感。當我們能夠眞正活在當下，完全體認到生命之美，就沒必要變得更加貪婪，我認爲，這就是我們最需要培養的能力。

現場提問

什麼是我們應該追求的價值觀？

安那達・古魯吉

我想用另一種方式來回答這個問題。

大家似乎認爲我們應該要合力糾正世間的錯誤與不公、不義。其實這一點社會學家彼德・柏格（Peter Burger）25年前也提過。他的著名作品《犧牲的金字塔》（"Pyramids of sacrifice"）就是推翻不公與不義。要鼓動大家「反對」某些事情似乎是比較容易的做法，像是「反對」飢餓、無家可歸，「反對」貧窮、貪污，這些都是能凝聚人們力量的事情，我想，這是一個能讓不同背景的人團結一致的好方法。謝謝。

麥克・布魯克

這種做法是以卡爾・波普（Karl Popper）的「否證論」（"falsification"）爲基礎，也適用於政府運作。光是回顧過去的典範、理

想等等是不夠的。畢竟，人們的歷史背景往往不一樣，再說「歷史」也極端曖昧不明。而當人跟人在一起、當不同的宗教有了交流、當不同的文明碰在一起的時候，也常讓人覺得摸不清狀況。因此，我們需要的是一套「規矩」。

如何教育好下一代，是我們亟需瞭解的議題。蘇拉克的話無可辯駁，現在很多國家的多數學校，並不是在教育下一代，只是讓他們可以在體制下找到工作。我們並沒有教導小孩子認識生命的價值觀，而價值觀卻是超越體制所不可或缺的重要質素。我所說的體制，不光是指政經體系，也指心靈體制，以及通常都飽受壓抑的情感體制。因此為了發揮我們的潛能，我們得一起以傳統及教養為基礎，建立新生活的願景。

釋心道

我們應該追求的價值觀，必需以地球的生存、人類整體的利益為優先考量。今天的地球因為戰爭與科技破壞了原生系統，地球是孕育萬物的母親，所有的價值觀都應該以地球的永續經營為前提。

另外，若把價值觀鎖定在經濟層面，簡單來說就是讓我們的經濟產生良善的循環。

穆罕默德・卡吉

和平的真正涵義，對我來說僅是所謂的「安撫」。這就是阿爾及利亞殖民時期的和平，也是越南面對美國時的獨立行為。安撫是來自所謂的中心、來自北方；來自殖民系統、有工具的人安撫，意謂著「不要改變任何事情」與「南方人民的哭泣」。如果，和平是錯誤的；如果，和平無法伸張正義；如果，和平倫理或是和平教育用說的就能讓人滿意，那我不得不說，我們正處於新殖民時代，內在的殖民時代。

麥克・布魯克

我以三點說明來回應這個問題。

第一點：相信多數人已經知道了，這些不公及經濟問題、南半球的
文化剝奪問題、西方國家的社會及經濟問題，這一切都是互
相關聯的。我們的問題是，該如何整合這些問題。我想許多
人都已經做過整體分析，將社會、經濟、文化、教育的問題
整合在一起。可是，我們要如何解決其中個別的問題，真正
做到有所貢獻。

第二點：我們的主題是善治、宗教與倫理。宗教歷史大約有三到四
千年，和人類歷史比起來，只是一段很短的時間。在有宗教
之前，人類已經存在很長的時間了，如果我們或我們的下一
代不毀掉世界，歷史還可以延續兩千年、一萬年甚至十萬
年。而延續下去的關鍵就在各個宗教。

就我們所知，三、四千年前埃及、美索不達米亞、中國、印度出
現了典型的人類文明。這些文明以城市為基礎，組成新型態的社
會，既是經濟共同體，也是帶有宗教色彩的法治系統。從本質上來
說，現在的宗教，與當時出現的法治系統脫不了關係。人的行為須
受法律規範，而不只是接受習俗的約制。

不同的文明有不同的律法，但人人都受法律管理。若說宗教能夠
改善各國境內情況及國際現況，那我們就該正視宗教的力量，將法
律與玄學投射（Metaphysical Projections）聯結起來。

第三點：和平與正義必須同時存在。我們要努力改善世界，也需要
團結起來，對抗視生命為無物的組織。我們如何說服其他宗
教採納我們的看法呢？我想這是個頗具影響力的大問題，因
此我們也應該討論一下，該怎麼跨越這麼多的差異，傳揚我
們的信念，我們該如何讓別人採納我們的想法？我們該如何
溝通？我們該如何建立更穩固的溝通橋樑？

千卓拉‧穆札法

　　近代發生的大事裡，大概首推伊拉克戰爭最能凸顯天主教及新教內部的明顯歧異。天主教教會的人包括神職人員及非神職人員，大多反對伊拉克戰爭，我想這是很重要的。

不同宗教參與和平運動

　　大家都知道，教宗鼓吹反戰思想。而且教宗所做的不僅止於呼籲，英國和美國在開戰前，曾試圖要聯合國通過開戰的決議案，但是教宗卻運用他的影響力，說服了墨西哥、智利、喀麥隆等國家投下反對票。我想說的是，這是首度有教會的重要人物及基督教的教徒，依據反戰理念做出行動。

　　不光是基督教內部，佛教、印度教、伊斯蘭教、猶太教等其它宗教，是否也會出現兩派人馬一派贊成保持現狀，維持某種優勢、權力、戰爭與暴力，而另一派則採取不同立場。這會是21世紀的重要趨勢嗎？對於未來人類與地球命運最重要的一場戰役，會是在宗教內部開打嗎？和平運動出現了兩個特色，足以影響我們的想法，甚至影響未來的命運。

　　一是，這波反戰運動前所未見地有許多國家、文化組織以及宗教團體的加入。這波反戰運動從戰前數個月就開始了，甚至還延續到戰後。有些地方現在仍持續著。它跨越了一切的彊土與界線。即使是以意識形態來說，也出現了沒有宗教信仰的人，跟不同宗教的教徒，一起反戰。從這個角度來看，這種團結的局面是在歷史記載上第一次。

　　二為，在和平運動中，女性扮演了非常重要的角色。比如說愛爾蘭女性在其和平運動中，便佔有一席之地。我們也知道，有些國家的女性平日並不活躍，但若是反戰的話，女性的力量就顯得很重要了。女性的角色是我們在進行這類運動時，不應該忽略的。我無意說女性比男性更喜歡和平，但我認為，在這種議題上，是沒有男女之分的。女性的參與在未來十年內，是會發揮影響力的。

以西方為中心的霸權需要被反對

我們該怎麼做，才能透過教育體系改變大家對事情的看法。我想說的是，我一向覺得教育體系出現問題，我不喜歡以西方權力中心為主的世界觀，尤其是美國。我們特別把美國提出來，並不是因為我們反美，而是針對塑造社會大眾思想的那些人。我想非常不幸的是，美國的教育置身於世界之外。

不僅止是教育體系，媒體、政治⋯⋯美國社會在各方面都是如此。美國人對外界知道得太少了。我之所以提出這一點，是因為在美國歷史上，從未像現在這樣對其他國家的影響力如此之大。美國雖然帶來了一些正面的、好的影響，但也帶來了負面影響。如果檢驗一下美國的教育體系、世界觀、價值觀，就會發現他們與世界有了嚴重隔閡。在過去50年來美國領袖裡，有哪一個對南半球及其問題有過任何關心與同情的？有哪一位可以媲美歐立夫・帕米（Oive Palmy）或威利・布萊恩（Willy Bryant）？在歐洲，至少在過去2、30年內，還曾出現過關心南半球的領袖，而南半球也相對的認同他們。

美國人在談及南半球時，言語間的態度及採行的政策不帶一絲感情。我認為，美國人必須想辦法改正態度，因為這點我們沒辦法代勞。我認為美國內部真的十分需要改革。當然，在那天來臨前，我們也希望美國在2004年會轉移政權。我想，他們真的很需要改變價值觀與世界觀。

安那達・古魯吉

各位提到美國已經18年沒有參加聯合國教科文組織的會議了，這個情況有可能在今年10月改變。我也樂見其成，因為我一向積極爭取美國重新參與。在我擔任大使期間，也設法讓美國參與了許多計劃。如果美國真的在10月重新加入組織，這種隔離的情況將可能獲得一些改善。

阿齊茲

　我想提出兩個問題。

第一：從前，所有的宗教都比現在更具影響力，能運用他們的價值觀來服務人群，方法各有不同，有些宗教甚至還有力量可以影響政府。這些情況在今日都已不復存在。因為，除了少數幾個國家之外，以前宗教可以提供給個人或國家的價值觀或服務，已完全被所謂的「民法」所取代。我的第一個問題就是，要如何找回這些失落的價值，讓宗教能夠重新服務人類？

第二：接下來要怎麼做？各位都提出了很精采的建議，但要如何讓不同宗教繼續對話？不管是現在或是未來，希望這樣的對談可以一直持續下去。

麥克・布魯克

　世界上大部分的地區都是所謂的多元社會，政府都不牽涉任何與宗教有關的事務，否則宗教與政治就會糾纏不清無法平衡。從某一方面來看，我們的確需要一套價值觀，但我不願意說必須以宗教的價值觀為依歸，因為宗教太過組織化，很多時候內部又過於腐化。

　我們需要的是宗教的啟發，給我們更深層的教育以貫穿我們文化真正的價值。若用審慎的態度來看，根本的問題在於我們如何將我們關心的議題也讓政府關心。我認為我們還是要分清楚政治程序與文化程序。至少以我在東歐和西歐、印度的經驗來看在多元化的情境下，政治應該要和宗教分離。

阿隆・葛斯坦

　我稍稍的看了一下這個會議場合的結構，發現在主要結構與邊緣部分有很明顯的區分，上面有一個個的小房間，裡面坐了一群願意犧牲奉獻並充滿熱情的伙伴，沒有他們，這場會議不可能順利進行。所以我想我們應該給他們掌聲，因為他們真的辛苦了。我們很

容易覺得所有的事情都是理所當然的，因為我們容易忘記這群願意付出的人。

敬老尊賢

今天的對談內容似乎都集中在如何使用宗教資源，來解決當前的問題。心道法師提到了愛，他是唯一一位提到愛的演講者。今天的討論當中，我真的想不起來有那一點，是我們在座的伊斯蘭教徒們敢大聲說出來的。愛與非暴力的價值，在各位的傳統裡佔了多重的比例？在我看起來我們的確安排了議程，但實際上並沒有達到對談的功能。我想指出一些雙方一致的看法，就是物質與精神的衝突。如果我們信仰同一個神，我們可以理解這當中的道理嗎？不同的傳統中是否有相同的部分？我們如何更進一步思考這其中的道理？佛教的貢獻在哪裡？伊斯蘭教又成就了什麼事？

在這裡有人說了非常有用的話，敬老尊賢也許是某些社會的傳統文化，這件事也許會被很多社會文化所接受進而移植。我認為每一種傳統，都有一些除了常識以外要教給我們的智慧。在這裡我想先向各位道個歉，因為我個人的批判性真的比較強，可能說了什麼不中聽的話，但我想這對我們未來的對談比較有幫助。我想謝謝各位，讓我們知道彼此間仍有各自必須堅持的立場，但對於外在的世界觀也有了基本的共識，相信我們能夠繼續發現彼此的獨特性，用這樣的方式可以知道佛教徒與伊斯蘭教徒，對這些議題有什麼特殊貢獻。如果我有什麼地方說錯了，請各位見諒。

艾瑞克・傑弗洛依

歐洲第一次出現大批伊斯蘭移民前，伊斯蘭教就已登陸歐洲。伊斯蘭對建立歐洲宗教和精神的貢獻鮮少為人所提及，其實阿拉伯的伊斯蘭還做了很多貢獻，但也很少人知道這些歷史。

伊斯蘭教在歐洲

　　歐洲的歷史並非是希臘、羅馬和猶太、基督兩個文化傳統。我們正要挖掘出伊斯蘭教這個「被遺忘的遺產」記憶。實際上，這份工作已經進行了有幾十年之久，我們並非是以宗教或收復失土的心態為之，而是以科學與無文化偏見的精神進行。

　　歐洲在很早以前就已經出現伊斯蘭的相關文物，西班牙曾受伊斯蘭國家統治達八個世紀，這不是單一的個案。伊斯蘭的勢力也曾到達西西里島和義大利南部。西西里島受伊斯蘭控制長達四個世紀（在西元十世紀的時候僅Palermo一地就有300座清真寺）義大利南部則有一段時間也在伊斯蘭的掌控下。

　　在這些區域，阿拉伯的伊斯蘭文化的影響，並沒有隨著阿拉伯人離去而消滅，相反的是延續了好幾世紀。伊斯蘭勢力也在東歐盤據過很長一段時間。14世紀時，鄂圖曼土耳其帝國將領土擴張到巴爾幹半島，就在該地生根發芽。鄂圖曼土耳其帝國在巴爾幹半島上長達幾世紀的統治，其文化傳統自然也在此地留下了永不磨滅的影響。歐洲大陸中心至今仍居住了一群伊斯蘭教徒，即使已經過了這麼久，也歷經了多次移民。科索夫有90%的人是伊斯蘭教徒，而其中70%的人士是阿拉伯後裔。俄國在西元11世紀早期也受到伊斯蘭的影響，這裡已經是歐洲與東亞接壤之處，再過去就是烏拉山了。

　　伊斯蘭在神學與哲學這兩方面對歐洲貢獻最大。希臘哲學和宗教教條是相容還是對立這個議題，早在伊斯蘭內部引起廣泛討論，這個議題自然影響到歐洲的神學家。基督教在伊斯蘭的影響下，產生了兩個學派Latin Avicennism和 Latin Averroism。我們絕不可忘記，是阿拉伯的翻譯重新將希臘哲學介紹到西方世界，其中尤其以亞里斯多德、柏拉圖和普羅丁（Plotinus）的哲學思想影響最為深遠。

　　伊斯蘭學者還帶著科學、精神和人文成就來到歐洲。13世紀，腓特烈二世（Frederick Ⅱ）請教了當時的蘇菲教大師伊本‧沙比一些

關於形而上的哲學問題。自此拉丁、日爾曼或是奴役世界的歐洲學者與文人，開始研究伊斯蘭的思想，吸收伊斯蘭的一些宗教形式。在義大利很受歡迎的書《穆罕默德天梯之書》(``Book of Muhammad's Ladder")講的是先知升天的書。但丁的《神曲》很明顯的就受到這本書的影響。

西方非伊斯蘭教徒的學者甚至認為，聖依納爵・羅耀拉(Saint Ignacius of Loyola)撰寫《屬靈操練》(``Spiritual Exercises")就是受到蘇菲教派入門技巧的影響。伊斯蘭精神大師伊本・阿拉比（卒於1240年）後來定居於大馬士革，但他的普救學說(universalist)還是傳回了西方世界，豐富了當地的精神領域。除了這些影響與交流，很清楚的是猶太人、伊斯蘭和基督徒常常共同生活在上述伊斯蘭所統治過的地區。

宗教之間的關係，特別是佛教的和尚和伊斯蘭教的托鉢僧，有時關係就非常密切。歐洲殖民擴張時期，伊斯蘭和西方世界再度大規模相遇，但這次則是處於敵對的狀況。法國勢力出現在伊斯蘭世界，特別是在阿爾及利亞，對法國共和國的模式和伊斯蘭這種在邊境的異教的關係，引發了決定性的影響。早在14世紀的時候，法國還算是個「伊斯蘭國家」。

如果殖民主義是一股從歐洲流向伊斯蘭世界的「洪流」，很快的就會以移民的形式「退潮」這也是60年代發生的大事。80年代伊斯蘭以宗教群體的形式出現，不再停留在個人或家庭的層次。組織的網絡已經形成，伊斯蘭教徒開始在歐洲城市裡要求設立體面、明顯的場所提供禱告。歐洲「伊斯蘭化復興」已變成為未來十年重要的一股潮流。尤其對年輕人來說，伊斯蘭已經變成自我肯定的主要方式，也是個人和群體的象徵。

歐洲的伊斯蘭文化

據估計，西歐大概有1500百萬名伊斯蘭教徒，其中約有1/3強住在

法國。因此就人數上而言法國是歐洲伊斯蘭教徒最集中的地方。儘管這些伊斯蘭教徒的種族、國籍或文化背景不相同，但我們目前正親眼見證一種在歐洲土生土長的伊斯蘭教誕生，這是一種歐洲的伊斯蘭，法國約擁有一半的伊斯蘭教徒持有法國公民的身分。

多年來，歐洲社會和執政當局始終覺得，需要區別伊斯蘭社區內代表的群體，所以歐洲的伊斯蘭教徒開始「組織化」在此同時，歐洲其他的宗教卻在進行「去機構化」的運動。伊斯蘭教在西班牙和比利時已有幾年設立組織的經驗。法國2003年5月，第一次選舉成立了法國伊斯蘭教派議會（CFCM）這對機構化來說是一大創舉。

伊斯蘭仍給人一種「移民宗教」的意象，管理當局很容易用殖民或是後殖民的心態，處理與伊斯蘭相關的問題。但是，一種歐洲化的伊斯蘭文化正逐漸興起，相較於歐洲的佛教而言，伊斯蘭遭受到許多障礙。第一代伊斯蘭移民的宗教文化品質不是很好，而且他們無法以宏觀的角度教育下一代伊斯蘭精神。因此不少伊斯蘭教徒搞不清楚伊斯蘭訊息、阿拉伯、非洲、土耳其或其他種族的傳統。特別是在法國，伊斯蘭受到源自北非馬格里布區的意識形態或種族衝突的影響。年輕一輩的伊斯蘭拒絕接受他們父母親那一代的伊斯蘭，認為那只是一套無聊又制式化的規則，就像其他社會裡的成員一樣，他們也需要一個能夠真正引導他們通往覺醒與自由方向的精神依歸。

這是新歐洲伊斯蘭的機會，也就是對「獨一性」的追尋，一種根本認同的過程。這種尋求可以幫助歐洲伊斯蘭教徒打破家庭、種族、國籍等藩籬。「世界人」的蘇菲經典，用的是現代人可以瞭解的文字，應該可以藉著精神的方法，幫助不少人得到更深層的內在自由。先知說過：「這世界就是一座完美的廟宇。」每個人獨自禱告的時候就是自己的伊瑪目。在歷史上，伊斯蘭總是能融入任何時空，也非常樂於瞭解或吸收他們所接觸到的不同文化。

如果要再度得到完整性，歐洲伊斯蘭的心理一定要對全世界開放，才能結束這世界的衝突對立，因為有人認為這個世界只有幾種

分類法：東西、地中海南北、伊斯蘭與現代、伊斯蘭與公民身分等，如果不是跟自己站在同一邊，就是敵人。事實上，不只伊斯蘭教徒對這種情形感到不安，其他清醒的歐洲人也同樣感到不安。他們擔心失去正確方向的現代科學與資訊會把整個世界帶向毀滅。現在也許只有良心、道義與智慧可以幫助全人類，在這個詭譎的世界裡找到一條大家共同的道路。

艾瑞克‧傑弗洛依

若說非洲人或馬格里布人幾世紀前就都成了法國人，這就有點過分。不如說從第一批移民潮，1920到1930年間，在法國，很多人成了蘇菲教派的信徒。移民的出現還不算太久，事實上根本不到一世紀，最大一批移民潮出現在60年代。我認為移民的問題是出現在文化與社會上。不只與馬格里布人有關，連非洲人也是。

很多移民在家鄉就沒有工作，到歐洲來更不用說，那些人來自窮鄉僻壤，有些是來自弱勢的社會底層，大家都想到歐洲來碰碰運氣。這些人沒有知識、文化與社會工具，他們能輕易的融入歐洲社會，馬上將他們原有的伊斯蘭價值融入歐洲價值。

60至70年代出現留學生，情況開始改變。在學術圈內有很多有趣的互動，人們重新在歐洲找到他們的伊斯蘭。之後就發生了很多互換的情形，例如在蘇菲教徒身上，可以找到歐洲人的影子。這些受到影響的人，就能為伊斯蘭世界帶來新養分，在伊斯蘭世界傳播他們特有的蘇菲教派。近十年來，我們已經看到了蘇菲教派和西方人替伊斯蘭世界重新注入一股活水，而成果已經呈現在世人的眼前。

不過第一代的情形比較不那麼樂觀，因為他們只是勞工階級，生活就和土耳其第一代移民沒什麼兩樣。我住在法國阿爾薩斯區（Alsace）當地就有很多來自德國的土耳其移民。他們的故鄉並不是伊斯坦堡、安卡拉或伊茲密爾（Izmir）這些大城，而是安納托利安（Anatolian）這種鄉下地方，所以他們還保有自己原來的傳統、地方色彩、種族、宗教等不屬於伊斯蘭的一部分，但他們將這

些都融入他們的伊斯蘭裡面了。

在我住的阿爾薩斯區，很多婦女都會戴頭紗，但有人告訴我她們不禱告、不做禮功（salat）。那她們為何戴頭紗？這就是因為社會壓力。即便如此，她們還是不禱告。這種情形在土耳其、非洲一帶很常見，社會是盲從的壓力來源。解決辦法就是「文化鎔爐」歐洲與西方就是文化交流的地方，每五年我們就會見到一次社會階層的流動。法國周邊有土耳其、馬格里布人、摩洛哥、阿爾及利亞等國，這十年來開始出現了土阿聯姻，也有土耳其人與馬格里布人共同建造出來的清真寺，這是一個新現象。

社會文化本身就能跨越國界，例如土耳其人與馬格里布人本來都是非常大男人主義，但西方文化讓他們重新思考，改變了他們的態度與想法。這就是希望所在，如果我們不先統一文化，便無法統一精神，文化與精神兩者缺一不可。雖然有許多美好的例子，但要融合這些文化與衝突還需要一段時間。

維帝爾

我是一個神職人員在巴黎的一個靈性交流（Inter-Spiritual）中心裡工作，我想針對我所聽到的提出我的問題。

我常常聽到有人會用Karl Durkheim的方法，大聲宣告：「宗教時代已經結束，現在要進入靈性（Spirituality）時代。」法國名人貝納·貝瑞（Bernard Beret）10月份演講時也這麼說：「有必要離開宗教，邁入精神與智慧的領域。」他甚至進一步指出：「宗教都已經制度化了。」這種制度化的邏輯先暫放一旁，這不適合對談。從某方面來說，他又質疑宗教對談的性質，因為他說宗教的制度化特性，讓宗教只能找個地方保存起來。

上週三我聽到馬丁修士（Brother Martin）的另一種說法：「宗教是我們的巢，我們都需要一個巢或母親才能出生，但這成為我們的牢籠。重要的是，要好好在巢裡長大，以便日後有能力飛走，因為人類比宗教更偉大。」若從全球倫理的角度看，需要一直留在巢

裡嗎？這是我的問題，我也請教過很多人，這個問題的答案應該可以找得到，但不是那麼簡單。需要脫離宗教，才能到達全球倫理的境界？或是要從宗教出發，才能達到全球倫理的境界？如果必須脫離宗教，那麼這種倫理的基礎又是什麼？有可能在內在找到一個全球倫理，而不用訴諸神的超然存在嗎？我提出這兩個問題，謝謝。

丹尼斯

我願意發表一些意見，德柯漢、格瑞弗斯、貝瑞對宗教與精神之間的「差別」看法我很清楚，我的口氣也許會有點挑釁，但儘量照他們的原意來回答這個問題。

　　話說1995年，我們為達賴喇嘛舉辦了一場會議，來自五大洲各大宗教的代表們都參與了會議。討論期間有句話讓我非常震撼：「這世界已經太多的宗教，卻極度缺乏靈性（spirituality）。」問題來了，我們從宗教裡學到的是什麼？社會學上有很多名詞定義，以東方哲學與佛教的觀點來看，超越性就是自我的超越、自我的掌握，同時也是超越概念、姓名與形式的，如此一來我們又回到了超越自我的觀點上。這些問題都非關宗教，要知道一切操之在我。

（全文摘錄整理於2003年5月6日 「回佛對談」于法國巴黎 聯合國教科文組織總部）

和平教育

與談者

麥克·布魯克（Michael V. Brueck）：
德國慕尼黑大學宗教研究教授《宗教對談》
期刊主編，擔任達賴喇嘛的對談夥伴長達
20年，專精大乘佛教與吠陀哲學，曾在日
本修習過禪學，在印度印度馬德拉斯學過
4年瑜珈。

大衛·恰沛爾（David Chappell）：夏威
夷大學榮譽退職佛教與比較宗教教授，曾
於1981-1995年擔任佛教與基督教研究學
術期刊創始編輯，於1988年為佛教與基督
教社會研究機構合辦人，並於1993-1995
年成為該機構總裁。

羅莎·葛瑞歐（Rosa Guerreiro）：聯
合國教科文組織宗教與文化交流負責專
員，1952年出生於里約熱內盧，曾到美
國、巴西、西班牙、瑞士、法國求學。
在伊伯利亞半島的社會科學研究院，教
授三種文化（猶太、基督教和伊斯蘭教）
並為該院主席。

瑪利亞·哈比托（Maria Reis Habito）：
德國人，世界宗教博物館國際計劃主任，
於1990-2002年在達拉斯的南衛理大學教
授中文、日本歷史與文化以及世界宗教。

穆罕默德·卡吉（Mohammed Kagee）：南非開普敦宗教交流會創始會員之一，此會致力於推動世界宗教會議的議會活動，對促進宗教間瞭解與對話貢獻良多。

賽門·撒維爾·葛蘭德愛馬仕（Simon Xavier Guerrand-Hermes）：法國愛馬仕之家的經理兼副總裁，創立葛蘭德愛馬仕基金會，為世界宗教領袖的對話帶來助益。

蘇拉克·西伐洛克沙（Sulak Sivaraksa）：1933年於泰國曼谷誕生，泰國著名批評與激進分子，曾獲得兩次諾貝爾和平獎提名，為1995年諾貝爾正義生活獎（The Right Livelihood Award）得主。

艾瑞克·傑弗洛依（Eric Geoffroy）：法國史翠斯堡馬布羅區（Marc Bloch）大學阿拉伯語與伊斯蘭研究學教授，內政部伊斯蘭教徒諮詢會成員。

哈比伯·丘寧（M. Habib Chirzin）：伊斯蘭千禧年論壇（Islamic Millennium Forum）會長、聯合國教科文組織宗教研究專員，為一佛教學者。

穆罕默德·阿里巴希（Ahmet Alibasic）：波士尼亞人，伊斯蘭教代表，塞拉耶佛伊斯蘭研究會委員，塞拉耶佛黑力辛（Hadzici）文化中心主任。

阿隆·葛斯坦（Alon Goshen-Gottstein）：耶路撒冷世界宗教智慧研究以利亞學校校長，耶路撒冷貝蒙拉撒大學Rabbinic思想（古猶太教神學思想）研究中心主任，為一名猶太教拉比（Rabbi）。

釋心道（Dharma Master Hsin Tao）：靈鷲山無生道場開山住持、世界宗教博物館創辦人、愛與和平地球家創辦人。2002年3月於美國紐約哥倫比亞大學，舉辦首場回佛對談。

主持人
賽門·撒維爾·葛蘭德愛馬仕（Simon Xavier Guerrand-Hermes）葛蘭德愛馬仕基金會創辦人。

〈編按：內文中所有與談者皆使用習慣性稱謂，不再冠以全名及全銜〉

心聲迴音

巴黎III

阿里巴希（塞拉耶佛黑力辛文化中心主任）：
巴爾幹伊斯蘭教徒相信，不同宗教的後人要相互對談，這件事攸關生死，絕不只是腦力激盪的活動。

卡吉（南非開普敦宗教交流協會創始會員）：
不要等到我們無法承受衝突事件和暴力了，才來發展健全的跨宗教關係。

蘇拉克（1995年諾貝爾正義生活獎得主）：
如果你真的想到什麼地方走走，不妨花點時間陪陪那些窮困、受苦的人。

釋心道（世界宗教博物館創辦人）：
我們要用回歸簡樸的靈性生活，改變縱欲習氣，來實踐地球災難的救贖，這是每個人都有的責任。

◎達波 仁波切

◎愛馬仕 副總裁

◎馬麗亞 教授

◎真誠對話 歡喜合照

◎心靈交流 和平共鳴

葛蘭德愛馬仕

人類正陷入自己過度使用暴力的危機中，古往今來，幾乎各個宗教都曾經遭受過暴力的侵擾，面對暴力氾濫，人們正積極尋求和平。

今天的主題──「和平教育」

暴力的概念是由許多層次及差異性，層層堆砌而成，暴力並不單只是一個概念，而是會影響他人及環境的行為。施行暴力的，也許是大自然，也許是個人，也許是有國家撐腰的會社、組織。暴力是如此複雜，如何因應正是我們的考驗。

希望今天的會議，可以討論出正確因應暴力的方式。我們必須找出辦法來改變我們的世界，這不僅事關個人，也關係到我們的傳統。所有的宗教傳統對各種生命形態的看法都不一樣。因此，我們必須學習如何對談及聆聽，展現對其他生靈的深切關懷。或許，我們真的能夠做到讓世人相信，解決個人或群體的問題，可以不使用暴力。請在場的所有朋友靜靜的坐著，探尋出藏在大家內心深處的奉獻精神，為一個和平與愛的世界努力，讓我們先沈默一下好嗎？

穆罕默德・卡吉

比起20年前，我們現在的世界更暴力了，破壞力強大到令人害怕。在這近20年中，民主國家的數目增加了，科技也有日新月異的發展。不論在貿易、通訊、經濟各個層面，都已經盤根錯節互相依賴。但是，人類至今無法成為一個大家庭，原因是人們打著追求自由、民主、繁榮的旗幟，犯下殘酷的暴行，並試圖以暴制暴，這就是我們的問題。

伊斯蘭教徒的挫敗感與怒火

南非的伊斯蘭教徒與其他國家的伊斯蘭教徒一樣，自認受到美國

對外政策的迫害，進而牽怒整個西方基督教世界。這種怨恨深沈到讓許多人，認為911事件是可以理解的事情。我的家鄉開普敦，許多清真寺開始宣揚反西方和反以色列思想，在世界各地的許多清真寺也是如此。伊斯蘭教徒是如此憤怒，小布希和布萊爾所挑起的好戰氛圍，已使世人更形分裂。

這種氛圍，讓少數的宗教極端分子，埋下殘酷報復的種籽。這樣的情況，導致伊斯蘭教主流的溫和派處境艱難。更糟的是，有越來越多伊斯蘭教徒認為，溫和派教徒站在美國那一邊，他們漸漸地將恐怖分子視為自由鬥士。

拜美國攻打伊拉克之賜，恐怖主義漸漸取得正當性與合理性，這讓伊斯蘭教與暴力劃上等號。世人多半認為，伊斯蘭教與恐怖行動有關，這也是西方世界想深入瞭解伊斯蘭教的原因。但我們必須瞭解，不論在何處，以上帝之名不斷施暴、奉行恐怖主義、進行殺戮，這些都不應該被視為宗教。

《古蘭經》2:143：「我這樣使你們成為中正的民族以便你們作證世人，而使者作證你們。」《古蘭經》還說：「凡枉殺一人者（除因復仇、平復亂事外）如殺眾人；凡救活一人者，如救眾人。」顯然，「亂事」在21世紀所指的是殺害百姓、散播恐怖、使用核武及生化武器對付無辜的人。

伊斯蘭教徒對暴力的回應

911事件及美國攻打伊拉克的報復行動改變了人類生活。911悲劇令多數伊斯蘭教徒膽寒，但美軍攻伊也同樣令他們心生恐懼。伊斯蘭領袖體認到，伊斯蘭社會潛藏著重大危機。雖然多數教徒自認受到美國霸權迫害，但也有許多教徒致力公關，說服世人伊斯蘭教推崇和平。於是乎，有的教徒大力宣揚伊斯蘭教推崇和平與忍讓，有的教徒卻在施行暴力，這不禁讓非教徒感到困惑。

伊斯蘭教就跟所有宗教一樣，內部有意見之爭。有時信徒會因為

對教義看法不同而起爭執。這種教義詮釋上的爭執，在南非實行種族隔離政策時就發生過。當時許多伊斯蘭教領袖就樂於遵循壓迫人民的種族隔離政策，他們「請」出《古蘭經》「宣揚法治」並呼籲教徒「服從上位的人」另外，有一批教徒卻設法推翻施行種族隔離政策的政府，特別是在抗議遊行時，這些教徒們引用的經文都具有革命意味，聲稱自己的行徑合於教條。

　　雖然許多伊斯蘭教國家仍保持傳統的世界觀，但現在伊斯蘭學者卻呼籲教徒，要有接納別人對教義不同詮釋的雅量，此即「內在多元化」（intrinsic pluralism）。這種發展有助於教徒接納其他教友，也有助於接納其他同樣具有法理根據的宗教傳統。

伊斯蘭教允許暴力

　　許多人會認為宗教具有暴力色彩，那是源自於有部分人聲稱暴行是出自宗教感召。但也有人認為宗教和暴力沒有牽連，任何暴行都與宗教相抵觸，他們推崇和平、愛與同情心的教義。不過，我們也應該考慮以下各點：

　　一：經文的確容許暴力存在，不是每個宗教都是完全的反對暴力。有些宗教的確容許在某些情況下使用暴力。在我的祖國南非，虔誠的基督教領袖曾對種族隔離政策是否合乎《聖經》教誨展開舌戰。結果，就連不平等的種族隔離教育也被當成「基督教國家教育」而加以施行。

　　二：宗教暴力不是獨立發生的，多數宗教暴力確實和社會、政治及經濟狀況密不可分。

　　三：詮釋的基礎，一個人會如何解讀經文，跟他的文化、傳統背景及個人社會階級有關。例如，同樣是《古蘭經》在一夫多妻傳統的伊斯蘭國家，將之解讀為認可一夫多妻；而南非的革新派教徒（progressive Muslims）卻將其解讀為認可一夫一妻，並大力的支持兩性平等。

四：國家暴力，許多人認為將國家暴力視為「合理的」是將暴力
　　徹底的解放。例如我們只聽說過在種族隔離的南非及巴勒斯
　　坦有所謂的恐怖主義，卻沒聽說過那裡有「國家恐怖行動」
　　（state　terror）許多人懷疑宗教團體在無意間，替恐怖組
　　織的行動背書產生所謂的「邪惡聯盟」（unholy　alliance）。

伊斯蘭面對不公不義的態度

　　西方多採政教分離制度，而民眾也普遍認同這種制度，將宗教及
非宗教的規範加以分離。但在伊斯蘭世界並非如此，就伊斯蘭教的
觀點而論，伊斯蘭教不只是一種信仰，所以沒有在宗教與世俗之間
劃上界線的概念。學者認為信仰和宗教不同。信仰只關乎個人，是
一己之事，就像一個人對某人或某件事的信任，是屬於心理活動只
存在個人內心。可是伊斯蘭教認為其本身不僅是一個信仰，還是一
個宗教，是群體的社會活動，可以將個人凝聚起來，成為一個擁有
共同信仰的群體。

　　伊斯蘭教並非一味崇尚和平，伊斯蘭教十分重視人們的社會、道
德、倫理行為，而且同樣的重視伊斯蘭社會中的政治平等及社會秩
序。伊斯蘭教並不認為人們面對世上的不公、不義時應該低頭，等
待上天救贖《古蘭經》一再要伊斯蘭教徒「勸善戒惡」對多數伊斯
蘭教徒來說，一個人如果受到體制壓迫，而不加以反抗，那麼他的
虔誠、信仰及操守就受到挑戰《古蘭經》中的理想世界是建立在正
義之上，正義是自然秩序的基礎任何不公、不義都是「動亂」。

　　美國霸權與國際社會的雙重標準，引起伊斯蘭世界憤憤不平，最
主要的還是源於伊斯蘭教徒們對抗不公、不義嫉惡如仇的天性使
然。多數伊斯蘭教徒認為自己在打兩場戰爭：一場戰爭是對抗自己
國家的高壓政權；另一場戰爭對抗的是有西方撐腰的施暴者。經歷
過那些種族隔離政策的南非人都知道，政府是如何向受迫害的人民
講法治，看著我們的施暴者尋求這樣的和平假象，真教人痛心。

伊斯蘭教現在是基督教最主要的宗教對手，未來也會如此。這兩者的信徒幾乎都佔了一半的世界人口數；兩者都廣佈世界各地；兩者都快速成長；兩者的信徒都聲稱自己的宗教是唯一的真理。如此的對峙讓我們面臨到下列的挑戰。

許多人認為，宗教常涉及暴力事件，起因於宗教的排他主義。排他主義者認為真理只有一個。而多元論者雖然有個人信仰，但也認可其他宗教有權利解釋真理，伊斯蘭教在這方面的看法很清楚《古蘭經》強調，人類有不同的信仰、觀點、想法並不意外。世界上有多個宗教是很正常的，是上帝為了人類生存而做的神聖規劃。

《古蘭經》11:118：「假若你的真主意欲，祂必使眾人變成一個民族，但因主無意，因此他們將繼續分歧。」

《古蘭經》5:48：「如果真主意欲祂必使你們成為一個民族，但祂把你們分成許多民族，以便祂能考驗你們是否能遵守祂賜予你們的教律和法規，故你們應當爭先為善。」可見，宗教並不是互相競爭的，而是互補的。因此，各宗教的挑戰不僅在於接受世上多元的宗教傳統，還包括了吸收、尊重、接納宗教的多樣性。

現行全球秩序並不符合正義

現在的全球秩序完全不符合正義。除非我們能將正義推行到全世界，否則我們將不能解決紛爭及暴力。已開發及未開發國家的問題是當務之急。有信仰的人必須向政治人物施壓，要這些政治人物處理社會、政治不公及經濟失衡的問題。在這方面南非經驗可供借鏡。在種族隔離的時代，教會領袖漸漸放棄遷就主義的神學觀，不再呼籲信徒消極順從。教會開始針砭時政，宣稱種族隔離是一種「罪惡」採行解放神學，追求正義，希望解放運動能終止種族隔離，讓大家自由。

現代社會道德淪喪，處處充斥著物質主義、個人主義、消費主義。有信仰的人，有責任為道德日漸淪喪的社會，建構一套符合現

代需求的倫理系統，並整合宗教、家庭與社區價值。在政治面，宗教領袖必須拒絕誘惑，不爲當權者辯護，不一味隨著政府起舞。在南非（施行民主之後）許多宗教領袖坦承，他們面對殘暴的種族政策，犯了沈默之罪。

依照南非經驗，我們知道南非能夠成爲一個擁有公義的國家，其中一個非常重要的因素是，各宗教領袖之間的合作。許多宗教領袖，因爲參與反種族隔離遊行而被捕並被關在一起。在獄中，他們一起禱告，隨著祝禱聲，各宗教間的不信任感與猜忌都消失了。南非宗教界同心對抗種族隔離的消息，一夕之間舉世皆知，這就是著名的「開普敦跨宗教運動」。

我相信，宗教界同心打造公義與人道的世界，比僅僅尋求宗教對談重要得多。如果世界上所有的宗教能夠團結起來、同心協力，一起向邪惡下戰帖，我們就會有跨越宗教歧異的立足點。在追尋詳和世界的路上，我們還有很長的路要走。不要等到我們無法承受衝突事件和暴力了，才來發展健全的跨宗教關係。

致力於世界和平的伊斯蘭教徒，他們的內心不無掙扎。這種掙扎來自於，有些伊斯蘭教徒認爲伊斯蘭教是以和平、忍讓、同情心與人性爲基石，融入現代的民主世界。可是，有些伊斯蘭教徒卻鼓動怨恨及暴力，試圖讓我們回到中世紀。伊斯蘭教徒必須向世人展現人性化的一面，做到《古蘭經》倡導的慈悲、同情、和平與忍讓。

此外，伊斯蘭道德觀必須超越禁酒及禁止女性拋頭露臉的這個層次，而著重於發展人權及民主文化，並處理兩性平等議題。在另一方面，基督教及其他宗教信仰不能再對人道議題保持沈默，不能僅止於強調個人的救贖及性靈的提升，而是要大力反對不公平的社會、經濟及政治壓迫。

常常有人懷疑，伊斯蘭教是否能跟得上世界潮流，融入「俗世的世界秩序」我們必須明白，政教分離主義並不是反對宗教，而是反對政治力介入宗教；政教分離反對的，是國家操縱宗教。

最後，我想說的是許多伊斯蘭教徒也很害怕，害怕他們的孩子哪

天出門，是跑去做自殺攻擊。我懇請各位跟我一起為和平祈禱，希望人類不再受苦，希望不再有戰爭悲劇。我們要為世界的正義祈禱，因為唯有正義的世界才能長治久安。

大衛・恰沛爾

這場回佛對談中，我想跟伊斯蘭教的朋友們談一談，佛教中非經典、非神聖的一面。

我想，美國總統小布希的心中一定相信，他為世界做了一件偉大的事，不是嗎？他心中一定深信，自己對世界做了一份偉大的貢獻。可是事實真是如此嗎？這個問題正驗證了我的講題──無知，是我們發展倫理道德時最根本的問題。所以破除無知非常重要，就讓我舉個佛教徒的經典例子。

印度的阿育王，一直都被推崇為佛教統治者的典範。但大家有所不知的是，他皈依之後，仍繼續虐待且殺害他的妻子。在這裡我所引用的是阿育王的傳記。傳記中顯示：阿育王皈依佛教之後，曾經因為一位少女犯了錯，而下令處死了一萬捌仟名印度耆那教徒。阿育王發出的是一道行政命令，一項由政府組織發出的法令，由於這道命令，就連他自己的佛法老師也被處決了。當有人把老師的頭帶到他跟前時，他以為那顆頭顱，不過是個普通少女的頭，而當他和老師的頭面對面時，阿育王驚訝的連站都站不穩，情緒崩潰，後悔萬分，並開始懺悔。

我想這件事改變了他心中天真的部分，因為他不瞭解權力所賦予的責任。無心之過很容易造成傷害，再加上不計後果的行動，結果就是產生悲劇。身為一個佛教徒，我想做的第一件事，就是承認我們有罪，再來就是承認我們無能發展出一個和平的世界。進步有兩種，科技和各種組織。人類的歷史傳統，一向都缺乏像螞蟻那樣分工合作的精神，我們需要彼此合作，我們不但必須為自己的個體行為負責，大家也都肩負著讓組織進步的責任。

全球秩序失衡的幾個問題

　　在美國發生911悲劇之前，我已經有了預感，甚至我以為這件事會更早一點發生。我每天都在哀悼，不僅是對那些在911中死亡的三仟人，還有更多死於飢餓和營養不良的人。印度總理曾說：「最具殺傷力的暴力是貧窮。」而法國駐美大使曾說：「他被派駐在非洲任內短短的四年間，非洲就有300萬人死亡。」300萬人耶！這些通通都沒有登上美國新聞，更沒有出現在CNN。要如何才能更適當且更負責任的做法，提供地球上的所有人類一個更完整的訊息？這也正是佛教徒首要的責任。我們既然要消除無知，最好就是確定我們蒐集到了良好且正確的訊息。

　　我們再來談談教育，教育包含道德的培養，和價值觀的形成。教育能夠創造轉變的力量。一直以來，很多人都認為美國人心胸狹隘，且多數的美國人對世界的狀況漠不關心。一個不瞭解世界文化，對其他文化沒有經驗的人，怎麼能對世界負起責任？怎麼能夠認同這個世界，並對其他的文化友善？我的朋友蘇拉克曾說：「要到有痛苦的地方去。」這也正是佛陀的本意，佛教的心念也就是在於教人去克服痛苦，所有的佛教徒都應該把此視為準則。不管是日常生活中、教育小孩或者傳播文化的時候，我們都應該到最痛苦的地方去體驗並與之共存，去試著瞭解苦難並找出對應的正確方法。

　　資本家在世界各地運作，同時四處影響各地的生活狀況，許多貸款，源自於國際貨幣基金會和世界銀行。這樣的情形又演變成美國人控制、影響、箝制世界的方法。因此，很重要的一點，我們應該要求非政府組織，能夠參與貸款協商，並監督這些貸款的運作。換句話說，讓受影響最深刻的人，在決策運作時，也能參與討論，這正是社會教育所能產生的倫理規範。

　　另一個議題是童工，最近非政府組織謹慎嚴密監督的問題正是童工。我個人並非贊成全面的廢除，因為在實際的狀況中，有些家庭的確得靠此維持生計。這個問題應該考慮的因素是，若真有童工的

話，就應該讓工作時數與教育時間取得平衡，如此一來，當工作結束時，當童年結束時，他們還是有能力過美好的生活。

團體也需要一套運作規則，我們只要知道如何能把事情做得更好，就可以更公平的對待各種團體。無論如何，我會建議佛教徒能用心留意各種心智和意識的裡外因素。如此做才不致有絕對的因果，也可以避免自己的情緒和想法太過專斷。最後，我要以「大規模造成的危險」這個看法來做總結。方才有人提到有些企業遠比國家龐大，我生長在美國旁邊的加拿大，我們常說住在美國旁邊就像睡在大象旁邊，這樣說也許是番好意，但是你最好時時刻刻保持清醒，以免大象翻身。

葛蘭德愛馬仕

針對這個議題我的看法是：今天的媒體並沒有扮演好該有的角色，因為他們只選擇性的報導暴力的、聳動的事情。

幾年前，就在911事件發生前夕，在阿曼也發生了很多大事，我當時正參加一場由教宗舉辦的千禧年慶（Jubilee）其中不乏宗教界人士共襄盛舉，同年10月份在羅馬另一個更長的慶典。參加的人士從美國印地安人、達賴喇嘛到各宗教的代表，共有將近兩百位貴賓到場。現場氣氛真的令人動容也很特別。這件事義大利的媒體著墨不多，法國的報紙也只是在最後的幾頁用五行字輕輕帶過。這表示，媒體知道這件事，但卻不把它當做一回事。

難道是因為這場盛會與宗教相關？還是因為媒體不想讓世人知道，這世界並非真的那麼糟糕？因此，不論是電視或是平面媒體一定要有個管道，可以加強這些重點。我想請大家一起來對這點發表意見，提出你們心中的想法。

蘇拉克・西伐洛克沙

現在的媒體是資本主義及消費主義的代表，暴力就是核心。這幾天的和平會議肯定不會出現在任何媒體上，但是如果我打了麥克一

拳，或是強暴了某人，明天就會出現在頭版頭條，就是這個觀念。

推廣暴力，也就是在推廣貪婪和消費。我們能怎麼辦呢？如果宗教機構真的可以認真看待這個問題，他們是有足夠的經費可以推廣非暴力的。但，他們只是利用媒體推廣他們的信仰，這是另一種形式的消費主義。如果宗教可以合作，將產生一股非常可觀的力量。

再來，我要談談一個非常重要的議題，就是我們的兒童遊戲。目前兒童遊戲的內容充滿了暴力與資本主義。就連五角大廈也在分食這塊「兒童的大餅」這所有的一切只會讓兒童越來越喜愛暴力。

「譚普頓基金會」是個致力於推廣科學和宗教的基金會，他們的規模甚至是諾貝爾和平獎的二到三倍，但是他們從來不打廣告，他們的作風傾向保守。我曾經請教過他們，為何不成立一個基金會研究、生產兒童遊戲？若是由譚普頓基金會或是任何宗教組織來研發、生產兒童的遊戲，應該可以開發出喚醒兒童天真與良善的遊戲軟體，讓兒童的正向能得到開發，這個做法可以直接在生活中以遊戲的方式去除兒童的暴戾之氣。

艾瑞克·傑弗洛依

我在「Le Monde—Telerama」集團工作，集團旗下發行的《宗教時事》（Actualite des Religions）非常重視宗教交流對談，這些會議的確提出了一些非常重要的見解。媒體實際上也要遵循市場經濟的遊戲規則，所以像《宗教時事》這樣的刊物是不可能賺錢的，因此主流媒體很少談論到這樣的問題，這是源自於我們的社會結構，所產生的嚴重問題。

今早有人說，人人一律平等。這個觀念的正面意義在整個會議中已經被強調過很多次了。而就在今早也討論到一個負面意義，那就是——人若要趨惡也很容易。這個事實正面的解讀方式，就是人類對善惡並無歧見。當我還在念經濟學的時候我們都已經預見了，今天所面臨的問題，包括了最嚴重的貧窮。所以，我能體會到人們在媒體上看到這些問題時，絕望、沮喪的情緒。

然而，在今天整個討論的過程中，我卻完全沒有聽到有人提起「希望」這兩個字。當然，在座每個人都能在自己的領域中，獨立對抗不公平的現象，難道我們不應該合力組成一個共同的反對運動？如果我們能建立起一個網絡，強調個人的重要性，我們的力量會更強大，難道我們不應該藉著宗教交流對談的過程，不斷壯大自己的實力，讓我們強壯到可以挑戰全球化的勢力，為人類注入一劑強心針、帶來希望！有時候一個人的成就可能跟一個組織一樣大。

　　另外，我還想討論一個議題──速度。近20年來，人們不斷強調速度的重要性，但速度不也正是產生「暴力」的幕後黑手？速度讓人焦躁，讓整個環境焦躁，人心也變得很有侵略性。也許宗教界領袖應該要聯合起來，教導人們如何禱告、冥想，提供人們可以歇下腳步的處所，消除永久的壓力循環，為非暴力的未來鋪路。

阿隆・葛斯坦

　　整體來說，今天的對談在「敵人」身分的認定上，似乎有個重大的轉折。這個轉變就是從公司、企業進而討論起國家問題。我認為昨天的對談焦點，幾乎都集中在大企業與其帶來的影響；今天的對談，主要就是國家和權力使用相關的議題。

　　在進入主題之前，我想先再次提醒大家，我們第一天討論的主題，也就是「詮釋」。對宗教而言，詮釋自己宗教的源頭，並以此來解決現代產生的問題非常重要。為何同樣是伊斯蘭教徒會用各種不同的角度來詮釋《古蘭經》我想回應這個問題，因為我認為這是一個根本的問題，跟我們討論的所有議題都息息相關，未來任何的對談，最終都會回歸到這個議題上。蘇拉克和大衛列舉了近代詮釋佛教原則的方法，都是典型的例子。類似的原則其實一直重複出現，不管在那種情境下，組織甚至國家都適用，這就是詮釋。

　　目前我們手邊有林林總總的議題，若將之具體化，伊斯蘭教徒和佛教徒都不一樣，這也是今天早上討論中很有趣的一個現象。我這樣歸納也許有錯，雖然回佛兩教對於人類未來方向的基本想法是一

致的，但對於「我們在追尋什麼？」「我們如何將其概念化？」等等問題，卻有不同的看法，這正是因為概念決定了我們的行為。

我們聆聽了兩位不同背景的伊斯蘭教徒關於追求正義的演說。從伊斯蘭教徒的角度來看，正義似乎是他們最關心的事，因此，伊斯蘭教徒認為如果想修正暴力行為，就必須先交代正義的問題。佛教徒今天用一種不同的方式在討論會上處理這個問題。「正義」一詞並未出現在佛教講者的演講中，佛教徒關心的是「暴力」問題。

當伊斯蘭教徒提出「正義」的主題時，就是出現全球性問題，要人們走上街頭、遊行、示威，把群眾運動當成追求正義公理的一個手段。這和佛教講者所謂的苦難又不同了。佛教的方式較不具公開形式，講求的是內在的和平與內省。

現在讓我們來分析一下痛苦的來源，並且看看我們可以如何解決。也許因為立場不同，對正義和苦難的定義也不同，不論是從個人或社會的立場出發，這些差異就可以當成未來回佛對談的焦點。

讓我們回到主席的開場白。他談到了道德、精神及神秘主義。這兩個不同的方向，顯示了回佛兩教的差異。佛教徒所關注的是，用高道德標準帶領人們，這種特質可以直接切入人心，讓自我產生轉變，我試著綜合參與討論者的觀點，整理出對「轉變」這個觀點的看法。從宗教的角度來看，不論是佛教徒、伊斯蘭教徒，莫不是希望尋求生命最終的轉變，而不是短暫的改變而已。要達到這樣的境界方法有許多。其中一個非常重要的基本要素，就是知識。知識可以消滅無知。

知識顯現於外在的形式是資訊的獲得，對內則是自我的認識。大衛引用蘇拉克的那段話讓我心有同感：「如果你真的想到什麼地方走走，不妨花點時間陪那些窮困、受苦的人。」如果要打破從前的孤立狹隘，唯一的方法就是花時間和其他人相處。與不同人們相處的經驗，可以增加我們的見聞，但卻無法達到自我觀念的轉變。

再次回到賽門最初所提的問題，轉變是發生在個人或社會的層次

上？這個問題可以看做是回佛對談中一個值得探討的問題。我們可以直接影響社會或是社會的影響終將回到個人的身上？

瑪莉亞・哈比托

穆罕默德・卡吉說：「我們的社會，目前呈現道德真空狀態，所有的人或多或少都得對這樣的狀況負點責任。」個人主義、物質崇拜、消費主義等等的橫行，教育的主題也應運而生。我們需要怎麼做才能教育人們？從哪裡開始？怎麼樣才能改變現狀？

上個月，我剛好有機會去聆聽一場訪談，受訪者是位飛行員，他的任務就是到巴格達上空投擲炸彈。他說：「任務完成後，他直接返回美國。」他還說：「每個三年級小朋友的夢想，就是有朝一日能開飛機，然後看看這種爆炸的場面。」我們不得不自問，如果這是每個三年級小學生的夢想，到底是哪裡出了問題？我們要從何時開始教育人們和平的觀念？從幾歲開始？和平學得來嗎？當然，這是場回佛對談，所以我們也有興趣找出佛教或伊斯蘭教，是否也能對教育這個主題有些特殊貢獻？

我們與世界宗教博物館合作，就是要解決這個跨宗教的教育議題，希望能找出通往和平的道路。我們還會嘗試其他的方法，譬如說成立世界宗教大學，也許我們會討論一所學校或機構應該如何引導人們邁向和平之路，當然前提是穆札法博士所說的──人類必須改變一些觀念。

麥克・桑奇

Land of Europe協會主要是希望能夠整合法國甚至是全歐洲的伊斯蘭教徒，這個協會是在1999年教科文組織所舉辦的一次會議中成立的，當時會議的主題是：「建立起伊斯蘭和平，東方遇見西方」。

Land of Europe 的和平教育工作

不知各位是否還記得,在這次會議召開不久前,阿爾及利亞才發生了一連串悲慘不幸的事件。Land of Europe成立時也遇上相同的情形,現在我們推動許多文化和社會活動,對象是以年輕一輩的伊斯蘭教徒與法國民眾為主,其中大部分是第2代、第3代移民。近來我們觀察到,這些年輕人非常希望自己能夠成為一個完完全全的法國公民,能積極參與這個社會,而不只是消極被動的旁觀者。

如果我們希望下一代能夠瞭解,所有的宗教權利與義務都是均等的觀念,那我們就要創造、發展出一種讓他們共同生活的方式和環境。和不同背景的年輕人一起受教育、建立友誼,因為這是個俗人的社會。因此協會一定會介紹伊斯蘭精神給年輕人,而不是將伊斯蘭視為一個文化個體,因為這很容易泛政治化。

伊斯蘭對一些年輕人來說,是會讓他們被法國社會拒於門外,所以他們對這個傳統產生排斥感,用以證明自己的定位。不同的團體社區也許可以不理會彼此而和平共存,但我們的目標,是希望全體法國人民能有共同的目標、發展一種能共同生活的方式,而不是各過各的、完全沒有交集,這兩種生活方式是截然不同的。

不同的社區選擇平行的生活方式,對進行真正的宗教交流對談非常不利。因為既然要對談,就是要注意聽別人說些什麼,但這還不能解決所有的問題。大家都知道目前法國各社區間的關係緊張、陷入困境,背後都與政治上的鬥爭有關,不斷強調種族或宗教認同都是非常危險的。我們努力的說服大家這點,尤其是年輕人,因為這個問題在他們身上最為嚴重。

雖然每個種族、宗教團體都必須瞭解自己的歷史,但只做這些還不夠!我們最終的目標就是要跨越這個層次,讓每個人體認到,不論起源為何,有什麼個人或團體特殊的歷史,這些經驗都是人類共同的一部分。唯有如此,我們才能擁有真正和平的關係。忽視會帶

來痛苦，法國和其他國家的年輕人會有這些孤立主義者的行為，背後一定有其成因。

Land of Europe 2004年將舉辦一個夏令營「夏日之旅」（summer travel）目的就是要探訪我們自己的歷史和起源，重新發現、分享，那些經常因為受到隱瞞，而被忽略的共同歷史。我們想更廣泛的接觸不同背景的朋友，我們也很認真的要發現、分享我們共同的過去和現在。這是個很大的挑戰，但我們願意接受，讓所有人能一起生活，不只是共同居住，因為我們知道這兩種方式看起來差不多，實際上卻有天壤之別。

賈桂琳

今天下午討論的主題是「和平教育」好的宗教教育，教導的是和平。要塑造兒童和年輕人的宗教良知，也就是要讓他們知道社會和平的根本價值。教導他們如何尊敬真理、自由、公義與團結。在教宗若望廿三世眼中，這些就是和平的四大支柱。

宗教教育是防止暴力的力量

不論是伊斯蘭教徒、基督徒、佛教徒或是其他信仰的人，都應該在他們的社區裡接受更完善的宗教教育，讓這個世界能早日迎接和平的到來。對年輕人不應該只注重科技的教育，生命的意義、人類的尊嚴、個人權利基礎、普世價值、成為社會家庭一份子的意義為何等等，這些科學無法回答的問題，就需藉由哲學、宗教來幫忙。

教育必須加入宗教交流的層面。從小開始如果兒童們已經有了宗教信仰，大人們就有義務教育他們，不只是尊敬自己的信仰也要尊重其他人的信仰。學校教育一定要包含宗教信仰是自由的觀念，年輕人才能夠在一種和平、公理、自由、互敬、相互瞭解的精神下受教育，追求人類的權利以及經濟、社會的發展。為了達到這個目標，我們一定要鼓吹宗教的多元性和多樣性，邀集不同背景的年輕

人來對談交流，會有正面的效應。

「世界和平宗教會議」的「和平教育永久協會」（permanent commission for the teaching of peace）主要就是在推廣宗教交流對談，該協會從長久累積下來的經驗中得知，宗教之間只要進行了交流對談，和平就有了希望。很多例子都可證明這個道理，例如改變現有教材中呈現各種宗教的方式。土耳其境內所有宗教社區的代表，同意一起刪除長久以來存在於教材中，會威脅到和平工作的誤解與偏見。德國也正進行類似的工作，我則是將這些情況視爲一項重大的進展。

和平教育，是宗教交流對談之後最優先的工作，當世界各地關心這個議題的人越來越多的時候，才是眞正希望之所在。

麥克·布魯克

著名的印度學家兼史學家馬克斯穆勒（Max Muller）於19世紀末說過：「一個人如果只瞭解一個宗教，那他就是什麼宗教都不瞭解。」因爲知識來自比較，只有多方比較才能瞭解宗教的內涵。社會及心理認知來自比較，知識認知亦然。要能「知彼」才能「知己」。隔沒幾年，教會史學家兼柏林大學校長哈納克（Adolf von Harnack）便對這個說法提出反駁。哈納克認爲，一個人只要認識一個宗教，就等於認識所有的宗教，因爲這個宗教具備其他宗教所有的動力、願景與最深層的理想。哈納克所言的這個宗教，當然就是他眼中至高無上的基督教。

和平教育　促進宗教瞭解

依據黑格爾學派進步論「至高無上」的事物，都建構在其前身之上，並取而代之。這兩種主張的意識形態假想，顯而易見，無需在此討論。無論如何，今天的情況與以往迴異。社會、國家、民族大多擁有數個宗教及宗教身分認同。無論喜歡與否，現代生活中，都

充斥著源自不同宗教的對立價值觀。

　　個人經由認識他者（The Other）來建構自己的認同。文化傳統就是在這個過程中形成的。而瞭解就是化「他性」爲「自性」的過程。要增加一個人眼界的寬廣度，必須先增加其對事物的瞭解。當人在學習新事項時，所學到的東西及體驗自然成爲其認知架構的一部分。因此「瞭解」是建構認同的過程。

　　可是，知識方面的瞭解，與化他性爲自性不同。這一點，可以由「瞭解」一詞的雙重意義來闡釋「我瞭解方程式的解法」所包含的個人情感很低，可是「我很瞭解你」就不一樣了，說話的人多少是認同對方的。就認識論來說，一個人自然能將現象、事實、事件與其原有的認知、判斷加以聯結，構成其自成體系的知識架構。

　　建構認同的過程，不光是既有的瞭解過程，還牽涉到結合他性與本身的認知與價值觀「瞭解」不但有量性的侷限，也有質性的侷限，這是因爲任何理解過程都有大前提，亦即一個人要拋棄原有的經驗，才能學習新事物。瞭解一件新事物的過程會累積經驗，而經驗往往成爲知識的一部分。

　　總結來說，理解是局部且分階段的建構認同過程。在這個過程中主體、客體互爲從屬。「瞭解」暗示著一個人與他者之間的相互關係及互爲主體的性質。人的觀念及思惟會受到語言及其他社會行爲模式的薰陶，而影響理解性。這是因爲語言及文化決定了感覺及認知的「標的」[Babara1]於是，在這些過程中，就出現了不停變動的理解層次，經過不停的整合差異性，而將他者變成自己。

　　這種情況同樣發生在不同的宗教相遇時。宗教究竟是什麼？是系統化的信仰？哲學觀？各種個人經驗？亦是對世上無法消弭的苦難所抱持的系統化希望？宗教是道德規範嗎？還是將權力與統治合理化？這些全是宗教的特點，除了這些特點，宗教還有精神層面的救贖。就是這點「救贖」的精神讓人打從心底服膺宗教，以正面或負面的方式奉獻己身。

不同宗教形而上的差異

可是我們又該怎麼區別「正面」或「負面」呢？這點不同的宗教有不同的看法。印度教、佛教、道教等亞洲重要宗教都抱持兩極觀（polarities）認為善惡相輔為用、如影隨形，在眞實的世界中運行。而猶太教、基督教、伊斯蘭教等西亞閃語族群的宗教，則認為善惡是敵對的。上帝向世人揭示了善，在教條與戒律中明確劃分善與惡。因此人可以知道什麼是善，也應該行善，以免違反上帝的意旨。這些文化族群的文化認同，就是這些根本差異的延伸。

文化認同來自宗教，是個人及群體尋求的認同感。不同認同之間的衝突與現今世界各地，各種政治衝突幾乎都有很深的關聯。因此倡導容忍、互相接納、開啟對話是很重要的，否則就不可能有跨文化的理解。可是容忍異己極為困難，因為認同涉及了安全感，全球化經濟，在世界各地引發的政治不安，似乎動搖了這種安全感。

因此，個人或弱勢族群試圖在新教條系統中尋求慰藉，而所謂的基本教義派，並不允許任何異己存在，連容忍都不行。宗教間發生衝擊已有數世紀了。因為，宗教以最深層的價值觀及信念消除恐懼並創造希望，宗教衝突也就成了最深層的衝突。就歷史與現象學的觀點來看，宗教局勢及宗教會晤並不一樣。

宗教認同是建構出來的

概括來說，建構認同的過程即劃界線的過程。他者跟我們不一樣，是因為他們是他者。但是，他者是我們自我瞭解與肯定的依據。社會及宗教認同的運作，即是以這種自我肯定的觀點來看待他者，而這整個過程可以視為建構認同的過程。

在宗教對談時，教派認同便不具重要性。若以常見的無神論觀點來看，宗教爭端便不具意義，唯一有意義的是「你信不信教」，以

前的共產國家就是這樣。我們的認同為何，要視外界情況而定。認同就像「中國套盒」（Chinese Boxes）大盒子裡有小盒子，一個套一個，個個都維持完整。舉個宗教的例子，我們認為全人類都是上帝所創，大家都是上帝的子民。與此相對的傳統宗教認同，卻是將各種文化分隔開來。現在，人們漸漸抱持「人類本是一家」（One Humanity）的看法，並加以實踐，無視於某些團體只圖保住地位及權力而加以阻擋，這是史無前例的。

可是，我們必須考慮到，在宗教史上認同形成的過程要複雜得多。這是因為：在一個宗教、文化、國家中都有各種不同的認同存在。在不同的相對關係中，不同的認同會居於主控地位，我們簡單來說，認同，會隨著不同文化間的關係模式而改變。多數人做禮拜、參與佈道大會，他們聆聽的並不是抽象的基督教教義，而是具有當地色彩的講述。

身分議題也是恐懼的根源之一。我們已經談過，一個人因為離開家鄉傳統及價值體系而造成的恐懼。恐懼的另一個源頭是，害怕喪失國家身分認同。一個絕佳的例子是歐洲，尤其是德國。很多人移民到歐洲，在當地社會各個階層引發了非理性的恐懼。倒不是歐洲人討厭外國人或是反對其他宗教，他們只是覺得移民是「外人」因為「外人」太多而備感威脅。

為了使人們走上互相瞭解之路，我們需要根除因為恐懼他者而衍生的民族主義。要做到這點，就必須讓成千上萬的人不須移民，能在家鄉過好日子，若能有數百萬人不用移民更好，而這就涉及了改變國際經濟及金融秩序。問題的本質與我們追求的跨宗教和平有關。猶太教、基督教、伊斯蘭教都認為，行正道並不光是行善或是布施而已。

身分認同不是固定的。如上所言，我們的身分認同必須視外界情況而定，身分是會改變的。人類共同的或跨越宗教的身分認同，並不是要取代其他的在地身分認同，而是多一個身分來提供關於你個

人的資訊及改變其他身分，但並不是要放棄其他身分。不論喜歡與否，現在有一個新模式正在成形，亦即各宗教的信徒在情感上、知識上、社會上互相交流，建立了共有的身分認同新模式。

在每個人的故鄉都有許多宗教並存，人們都得慎選宗教。要選擇就得先比較，要比較就得先有知識。知識越客觀越好，然而知識無法自然形成，知識的形成必須來自適當的教育。人們總會接觸到不同的宗教，為了反應社會現狀，也為了讓人們可以應付多元化的價值系統，社會必須自覺，施行跨宗教教育。否則，就無從瞭解其他的宗教，而沒有瞭解，就沒有和平。

從對談中　建立認同

首先，我要以基督教的觀點，提出一個神學議題。如果要承認其他宗教也具神學意義，我們就得承認上帝也透過其他宗教向我們傳達訊息。這個觀點可以有各種不同的詮釋，也以可排除「唯一」的問題。我們都知道，歷來教會傳達的訊息就是，救贖只能透過耶穌。但這是不符合基督教精神的，因為這樣的絕對，把在耶穌出生前和出生後（Ante and post Christum natum）的多數人類都排除在救贖之外，這明顯違反上帝愛的原則。

倘若上帝透過耶穌來表示祂有意拯救世界，我們就不能從歷史的觀點來找答案。我們必須採用兼容並蓄的立場或是多元化立場，雖然各個宗教的立論未必都正確，但救贖也存在於歷史悠久的教會之外。我建議佛教徒及伊斯蘭教徒，從他們對現實及真理的特有觀點來思考。佛教徒或可從緣起與方便兩個概念來思考。我對伊斯蘭教不夠瞭解，不能提出建言。讓不同宗教有接觸的機會，並不是要藉此批判誰對誰錯，也不是要大家變成一言堂。重點是在於鼓勵大家身體力行，超越自我，不拘泥於宗教主張的絕對性與固定性。

理解　是整合差異的行為

　　根本上的難題是我們要如何眞正瞭解他者，不把自己的語言、意涵、心理強加諸在他者身上，而讓他者繼續維持其需要被理解的狀況。一旦我們瞭解了他者，那麼他者就不再全然是他者了，因爲理解，是整合差異的行爲。每一個信仰不同、語言不同的人說話或聆聽的當下（說話，是指全面性的溝通，不僅是言語。）就在這個時候，我們展開了溝通，就在溝通的過程裡，我們透過辯證找出恰當的詮釋，而不是在溝通前就知道答案是什麼。在跨宗教的對談交流中，我們並不是要重演歷史，而是要以我們不同的傳承爲基礎，一起開創新局。我們不是來找出眞實情況然後陳述一些沒有特殊意義的事實，而是要更有創意，打造現在。這個過程的規則就在相互瞭解的過程之中形成。每位參與者也許不盡相同，可是有溝通，就有交流，雖然基礎脆弱，也非最終目的，可是卻可以一再發生。

跨宗教的和平教育

　　我的論點其實可以更具哲學味，甚至更抽象。可是問題是，我們很容易認同「我們的」哲學或傳統說法，以我們的傳承爲豪，而把跨宗教溝通視爲自我展現的機會。可是，各宗教的努力，最需要的是用人性誠實地面對，以往及現在的眞實情況，並對我不懂或無法理解的一切心存敬畏。

　　我們必須以誠實、簡約、完整的辦法來從事跨宗教志業。這些志業必須名副其實，並有益世人。我們必須體認到自己的身分始終都柔軟有彈性，可以不斷轉變。我一向稱這個過程爲「合夥打造身分」（Building Identity In Partnership）要做到這點，我們只能堅定信念，相信上帝或者了悟佛性臻於至善，如此一來即使失敗了我們也能有精神支柱。更恰當地說，是在我們遭受挫敗或錯誤時，還

能讓我們走得下去。我接著要提出一些實際建議，這些都是我在印度及德國投身跨宗教教育的心得。

哈比伯・丘寧

在地球上居住的所有人類，我們都是一家人。這句話對於居住在印尼的人來說有何意義？印尼的文化族群相當多元複雜，由一萬七仟多個島嶼組成，族群超過350個，方言高達400種。在這種高度異質化的地區「全球化」要如何發揮運作？住在偏遠地區的人民一直都被邊緣化，只因為他們人口不多、貧窮、還是未受教育、不識字？今天我想少談一點形而上的問題，多談一點生活上的事情。

解決問題　從傾聽開始

就在2003年4月22日有一群人來到我家，詢問我一些問題。這群人當中有年紀稍大且擁有智慧的國王和王子們，也有軍隊總指揮官和卸任副總統，有些是弱勢團體、不同族群、印度移民的代表。這些遠從西元十世紀起就定居在當地的原居民，近50年來他們覺得自己被邊緣化了。他們大部分都是文化結構邊緣化的受害者，但也有所謂的暴力施行者。當天，我並無特意將整個會談的氣氛弄得很直接、開放，微妙的是大家都知無不言、言無不盡。因為整個大環境的情勢，特別是最近這十年大家實在是很艱苦。

在這裡我想跟大家分享的是，我與這些人相處、談話的經驗，就是一場國家道德的重整運動。當時大約有120位與會者，大家齊聚一堂反思，為過去的情形作見證。至少我們從過去的經驗中，瞭解到我們是多麼忽略彼此，忽略了我們自己文化的多元性和彼此的關聯性。我們見識到了雖然身處一室，卻沒有建立起關係；我們彼此認識，卻沒有關聯。我們真的很無知，在文化和宗教交流方面我們簡直是一無所知，因為我們從不傾聽，也從來不互相學習，我們沒

有互相聯結，所以沒有互信的基礎，人與人之間都很冷漠，這個事實真的叫人難以面對。但是，4月22日當天的氛圍讓我相信，只要大家有共同的價值觀與遠見，認為愛、熱情和公平、正義的價值至高無上，一定就能用文化的方式，一同舉辦嘉年華會，慶祝和平與文化、非暴力與新生命的到來。

　　過去由於政府有絕對的權力，可以依照他們政治上的需求或利益，來操弄文化的議題。有些機構或組織是完全受政府控制，而讓社會發生衝突事件，甚至是武裝的暴力衝突。在這種情況下，人民主動進行的道德重整運動就是一種民眾自己的覺醒，不是由政府來主導的活動。當有人問起我：「您認為能夠不經過司法程序，而解決人民權利受侵害的問題嗎？」我的答案是：「至少有件事情人民可以自己來，就是建立互信的機制，我們必須對自己誠實，坦承過去的忽略、無知。」從這個角度來看，這種人民自發性的行為更加令人讚賞。

　　市場經濟全球化的過程中，每樣東西都被商品化了，包括日常生活的基本需求、健康、飲水、教育，甚至連人們的文化生活也逃不過。目前大家非常關心婆羅浮屠佛教寺廟狀況，因為當地政府打算在古蹟旁邊興建一個大型購物商場，希望將這座聖殿商品化，藉此吸引更多的觀光客。這次，不管是伊斯蘭教徒也好、天主教徒或是其他宗派的人，大家一致反對在寺廟旁邊興建購物商場。因為如果真的興建了一座商場，整個寺廟的文化和精神氛圍就會消失殆盡。

穆罕默德‧阿里巴希

　　我來自波士尼亞，對我們國家的伊斯蘭教徒來說「對談」就是生存的意思。二次世界大戰的時候，將近9%波士尼亞的伊斯蘭教徒死於戰爭，1992至1995年的波士尼亞戰爭，死亡人數也差不多是這個數目。在兩次大災難之前，也就是1912年到1926年間，伊斯蘭教徒的人口數每年是以25%的比例減少。所以，巴爾幹的伊斯蘭教徒相

信，不同宗教的後人要相互對談，這件事攸關生死，絕對不只是腦力激盪的活動。

巴爾幹半島的戰爭問題

1990年代的巴爾幹半島戰爭，並不是宗教戰爭，他們不是為了信仰，而是為了領土而戰。容我在此提醒大家，我們剛剛脫離共產體制，社會上無神論者的比例相當高。大部分民眾都不相信神的存在，甚至不相信領導者，在塞爾維亞尤其如此。戰爭的動機是政治的，而宗教只是用來掩蓋這個事實的藉口。

南斯拉夫戰爭的原因，是巴爾幹菁英在背後操縱的結果。他們濫用宗教的名義，趁國家局勢不穩定時，從中取得權力。而捷克在1990年的經濟情況比其他共產國家還好。受共黨壓迫的不只是東正教塞爾維亞人的宗教和民族意識，實際上每個人都受到了共黨的迫害。塞爾維亞人也不是唯一集體記憶受統治的民族，我們也沒有理由相信，東正教繼承暴力和侵略的本質。會發生這樣的情形唯一合理的解釋是一些菁英份子和領導人物，以宗教與種族之名操控人民，導致了1990年代的浩劫。

波士尼亞的問題，與種族或宗教問題無關，不是自發性的，也不是無法避免的，波士尼亞的問題完全是被策劃、指揮出來的。我們應該要記住，和平與暴力、自由與狹隘的傾向，是每個宗教都有的潛能。決定他們最後方向的人是他們的「詮釋者」也就是那些知識份子、政客、傳道者和領導人。

塞爾維亞的學者與大學教授更需要負責任。因為這十年來，他們讓塞爾維亞人相信，伊斯蘭教徒不是外國人就是叛徒！他們甚至有復興「偉大的塞爾維亞」的念頭，甚至擬定了種族屠殺計劃。教會的領袖從來不譴責自己教徒的暴行，而新聞工作者只是用盡辦法刺激民族主義者，到今天仍是如此。我們應該要實際一點，不要以為傳教士都像天使般純潔高貴。應該要清楚的譴責那些戰爭之罪與種

族屠殺政策，伸張公平與正義，這才是我們該做的事。

昨天有不少人提出「正義之戰」這個議題。我不知道！也許從巴黎的角度來看不是很清楚，但從波士尼亞來看則一清二楚。讓我們勇敢承認：戰爭就是戰爭。只有受害者才有權利反抗，而這種反抗是正當的。我認為如果我們不表明我們的立場，就是不道德。

巴爾幹半島上的領袖、宗教領導人，他們未來的行為將會非常依賴誘因和獎勵的結構。而國際社會建立起的結構卻導致了像沙賓力加這樣的悲劇。如果他們的結論是──犯罪不是能賺錢的生意，如果他們瞭解，他們無法洗脫個人的罪名，他們就會變得守法、懂得尊敬別人而且是令人可以忍受的領導人，就像1945年以後的日、德兩國的領袖一樣。

蘇拉克・西伐洛克沙

在此針對「暴力的成因與防治」這個主題作回應。大部分宗教組織多少都涉入暴力，也許是直接，也許是間接，但除非他們接受這個事實，否則我們永遠找不到方法「治療」這些暴力。

很多機構都要捫心自問：

第一：他們多有錢？

第二：他們和政府或企業走的有多近？

第三：他們自認自己有多重要？他們自己知道自己說一套，做一套的行為有多偽善嗎？

第四：他們的謙卑是真心的嗎？

第五：他們有時間耕耘自己內心的寧靜嗎？

第六：他們的禱告只是一種形式、傳統、例行公事，或者他們真的與神或神至高無上的精神溝通？

第七：如果宗教領袖真的祈求和平，他們能否改變自己組織的結構，使其變得更開放、更透明、更負責？大部分的宗教組織當然對窮人非常好心，幫助他們永遠身陷貧窮。

希望我們之中擁有虔誠信仰的人，能夠改變個人、內心平靜、敢

開心胸。真正克服自己內心的暴力，我們不只需要內心的寧靜，也必須追尋世界和平。我們要找出暴力的原因藉著接觸窮苦人民，保持我們的警覺心。在窮苦人民身上，我們也可以看見社會結構事實上就是一種結構暴力。這種結構犧牲貧窮、犧牲沒有特權的人、犧牲大自然的權益，卻幫助有錢有勢的人。

我們需要和那些權力中心者對談，但必須小心別違背了自己的立場。除了要跟權力中心對談，還需要展現並且激發民眾的力量，讓那些暴力機構少一點暴戾、多一點耐心。我們真的可以串聯起我們的工作，跟不同信仰的朋友甚至那些沒有信仰的朋友，大家一起合作。善意與非暴力真的可以擊敗邪惡的勢力，我們必須有耐心、心手相連，對應不同類型的暴力，特別是對那些產生歧視的結構性暴力和暴力文化。

麥克・布魯克

在文明社會當中，不管是人道或是比較正面的工作，只有在資訊發達的地方才有可能被披露出來，而提供這些消息的正是媒體。我們如何能確實改善媒體的品質？特別是波士尼亞的狀況，讓我們看到這是一個非常重要的議題。和大家分享幾個禮拜前我在印度親身經歷的例子。

媒體的錯誤傳播　也是暴力的成因

印度有個傳統Linguiyats這是印度教的一個Shivite已在印度南部流傳近800年之久。這個傳統反對種姓制度，非常熱衷社會活動，尤其在Karnataka省一帶勢力非常強大，領導人物更是家喻戶曉。一到慶典時期動輒是幾十萬人的參與，所有的政治人物和媒體都會到場。當慶典熱烈展開時Swami Shiva Murti做了一個夢，他夢見參加這個慶典的所有人，不分黨派的在夢境裡發著誓願。他們必須悍衛這種沒有暴力的情況，讓他們每天經手的事務都保持和平。

隔天早上，幾十萬群眾和所有的政治人物都聚集在Karnataka省聽著Swami Shiva Murti發表演說。Swami Shiva Murti在演說中談起他的夢境，他說：「我們一定要發揮政治影響力，讓我們每天經手的事務都保持和平。」說完便對著大家許下誓言。

在印度，如果你發了一個誓願，那不只是隨口說說而已，而是能夠約束你行動的強烈規範。因為印度人認為，如果不遵照誓約行事就會有厄運降臨。當時在場所有的政治人物也都跟著發了誓，這是一件大事。然而，隔天卻沒有任何一家媒體報導這件事。這讓我非常震撼，因為像印度這樣的國度，宗教仍然享有非常高的地位，但這麼重要的大事竟然完全沒有被報導出來。

我們該怎麼辦？我們如何能改善媒體的品質？在不同的狀況下改善這個獲取資訊的重要來源？如何能匯集更多人的善意並將之化為力量？如果我們再不採取行動，情況只會惡化，在國際上與人的印象也會很負面。擁有許多人參與的非暴力活動，卻無法引起媒體的興趣，這樣的現象我們如何改善？

跨宗教和平教育的經驗及建議

在德國，這些年來我們一直在和伊斯蘭教教徒討論如何在學校教育中，循序漸進教授宗教教育，並歸納出宗教教育有三部分，是可以或應該在教育過程中分三階段做到的。

第一階段是，主要宗教概述。以學術宗教研究的方法，將各大宗教的歷史及教義盡量公正地展現出來。

其次，因為宗教不僅是書本上的知識，也具有情感上及價值觀的色彩，我們也應該跟學童介紹他們傳統文化中的宗教生活。這個階段是認同式（identificatory）的教育。

第三階段，在這個階段是讓學生深入討論第二階段，深入介紹過的本土宗教觀點及經驗。這種討論不僅是比較，也是不同經驗及觀

點之間的交流。這不是立場中立的討論，而是不斷尋找真理，並將心得應用在哲學、社會、政治的過程上。

跨宗教和平教育的障礙

　　有三項基本障礙，會影響跨宗教和平教育的共同意願，也會損及已經在認真執行的教育過程。

第一：經濟及政治上的弱勢族群發覺他們必須反抗，才能爭取到公正的對待。

第二：純然的無知。

第三：某些社會及政治結構要改變，就必須靠整個社會體系的配合，否則不容易成功。例如，德國的問題是在於，政治人物不情願讓伊斯蘭教徒比照天主教徒、新教徒、猶太教徒，為他們設法籌資舉辦完善的宗教教育。為什麼？因為伊斯蘭教徒並沒有一個權威機構，可以代表德國的教徒和政府交涉。

我的三項建議

第一：心智訓練（Awareness Training）：心智，有兩點特色。一是讓我們可以專注在事物上，讓我們察覺有哪些過去累積的成見、預設立場、思考及行為模式等，已經不適合用來應付新情況了。此外，一個人的心智對於他考量複雜的情況很重要，因為人碰上新狀況時，常常會想躲避現實，於是過度簡化問題，而知識有助我們克服這個問題。要在複雜的世界中生存，訓練心智很重要，若是在一個文化中要面對複雜的宗教情況，訓練心智就更重要。

第二：上述宗教教育的三個階段，必須依需求而有不同的教學方法。宗教教育，最好是透過資訊傳達、人格化及對話（亦即從互動中學習）三管齊下，促進人們瞭解各個文化傳統，增進對其他文化傳統的欣賞能力。當我們能從他者認識自己時，他者就不會被視為敵人，而是潛在的伙伴。

第三：現代學術談話主要建立在解釋差異性上，亦即學術研究是要歸納出分類系統，依差異將各種現象作分類，並加以歷史化。這個工作必須再次加強，但要注意不要誤入非歷史性現象學的陷阱。

簡言之，面對教育課程的規劃，佛教原則有上有助於探討教育課程的認識論，伊斯蘭教的經驗主要是在於社會學方面的知識（Social Corporality）儘管許多人硬將宗教與社會加以區分，實際上我們都瞭解這是不可能的事，宗教與社會是無法分割的。

釋心道

這兩天來我們研討、聆聽，相信透過經驗的分享讓我們更加凝聚。如何達到跨區域的和平教育？就是一定要透過靈性的一種教育。靈性教育是屬於心靈的，若只想到身體的表象而沒有將靈性納入生命的共同體，那我們就沒有和平了。

地球家的永續經營

佛教分析、解剖靈性的方式，讓我們確實更瞭解靈性的完整性與整存性。人們也已經逐漸意識到，生命相依共存的一個原則，比物競天擇的理論更符合實況。這樣的理解、認知需要代代的延續，以免文明的發展讓我們失去人性的價值。全球倫理因應全球化而反思，而人性價值的引導得仰賴於靈性的教育。靈性價值的重建與落實，可以以宗教合作爲前導。

如何重新建立靈性的價值？就是落實儉樸，去除貪欲、貪婪、物化的一個生活。上帝開了很多扇窗，透過各個宗教學習的窗口，我們進入彼此關懷的一個國度。種族文化區隔與差異造成的誤解，常常導致各種生存利益的對立與矛盾。整個世界都在倡導和平，而現實環境卻是充滿衝突與危機。即使是以謀求整體發展、擴大合作的善意計劃，也常常捲入利害、競爭的惡性循環。

聯合國成立以來，為追求世界和平所付出的最大努力，就是不斷的溝通。我們也是為了宗教的和諧、包容、共存共榮，不斷的在溝通。我個人十分的推崇1994年聯合國教科文組織所提出的：「宗教在推動和平文化上，所扮演的角色顯眼。」這也代表著宗教對全世界福祉的責任，作為人心歸向，宗教必須提供讓人們安身立命的靈性價值。透過多元的溝通，超越差異，帶領靈性價值復興，建設身心靈全方位的教育機制，落實地球永續生存的正向力量。

展望21世紀和平教育的行動，基於十多年宗教交流的經驗，使我敏感到和平教育的重要與契機。目前已經有許多人不斷的在推展愛與和平的信念，這份覺醒就是來自不同宗教共同的呼籲。未來藉由教育整合，期望宗教界發動力量與正規教育結合，共同致力和平教育，直到達成共識。以共識推動區域實踐，以區域實踐促進整體和諧與良性循環。以此具體程序做為解決平衡現實經濟、政治等問題的正面力量，在這裡我提三點行動方案來落實和平的教育。

世界宗教大學　是智慧的殿堂

第一：跨宗教的和平對話

以2001年開幕的世界宗教博物館籌建的實質經驗為範例，推動尊重每一個信仰、包容每一個族群、博愛每一個生命的信念。宗教博物館是把各宗教的愛心集合成一個善的空間，讓大家在這裡得到善的記憶、愛的記憶，進而提升靈性的記憶。2002年起，我們以博物館為基礎成立愛與和平地球家的非政府組織，推動宗教對話促進宗教間的共謀合作，用來作為實現和平教育的基礎。2002年3月至今，主題式的「回佛對談系列」就是一種回應時代的積極方式，實行以來獲得了非常大的迴響。

第二：孤兒教育

尤其是戰後孤兒，受到戰爭的摧殘，小小的心靈飽受創傷，戰爭

在純眞的心靈裡留下最負面的陰影，兒童是值得期待的，但若無善的引導，冤冤相報的情形會不斷的發生，戰爭也將永無止息。我出生在二次世界大戰末期，金三角的戰火，是我的切身之痛！這個痛讓我更加尊重，並驗證靈性啓蒙的重要性。對孤兒的心靈照顧與教育的重建，宗教界責無旁貸！

第三：籌建宗教大學，延續和平

　　經由教育傳播和平的種籽。我們應該重視各種宗教間對彼此希望和平的啓示，用以銜接愛與和平的理念。我想在全世界推展宗教大學，但到底能夠影響多深？多遠？這值得我們細細思量。我們應該如何合作、如何啓建這座宗教大學，實質的去傳播愛與和平的種籽，又如何讓世界宗教大學的力量串連學術界、資訊界、教育界與宗教界？這個議題有待各位共同進一步研討。

　　熱誠與善念是年輕人最大的一個特質，也是未來世界重構的一個重要元素。世界宗教大學，能培育愛與和平的種籽，是智慧的殿堂。世界宗教大學的籌備，是我們對本世紀和平教育一個最深的期盼，希望世界宗教大學成爲聯結愛與和平的一個平台。教育未來世界新的領導者，讓他們從人道關懷、靈性價值出發，推動地球家的人道治理。

　　我們是一群很平凡，很貧窮的比丘、比丘尼，蓋一座世界宗教博物館已經非常辛苦，我們沒有錢！這些錢都是每一個老百姓，大家100元、100元的累積起來的，我們背後沒有很大的財團支持。我想，如果要把這個宗教博物館的精神推廣出去，這尊重、包容、博愛的精神該如何去延續？世界宗教大學是一座最好的橋樑，可以將我們的理念和精神無限延伸，但可以預見的，這個志業又將花掉我們相當大的精神。蓋大學的力量要如何讓它產生、要如何凝聚、又該如何推廣？這眞的需要靠大家共同合作、研擬。若大家都能有共識，我們眞的能夠蓋出一座全世界都需要的、用得到的宗教大學。

靈性　是宗教共同的源頭

靈性價值是和平教育的根本。和平教育的要訣是──心靈和平，世界就和平。和平不是教育的問題而是我們的心到底有沒有和平？如果我們的心有了和平，那世界就和平了！我們的心如果有太多的不平，那麼這個世界永遠沒有辦法和平。

如何讓我們的心靈能夠和平呢？那就必須透過禪修去體驗、去實證內在的和諧。只有證實安定是存在的、真實的，我們才有辦法去改變彼此的關係。所以，回歸靈性，讓心靈的和平，鼓勵社會服務、創造生命、創造生機，才是根本的和平之道。靈性是宗教共通的源頭，生命的本質、靈性的存在是直觀的體驗，它普遍存在卻又奧妙的不可思議。

每個宗教都有引導啟發的方法，我本身修行的方法是用耳朵，耳朵放鬆聆聽自己的安靜。就能夠得到安靜，同時散發出安靜的磁場，一個讓別人也安靜的磁場。如此一來我安靜、我平安，在我四周的眾生都平安。我的四周平安、環境就會跟著平安，我們是用這種方法，用和平與寧靜平安我們周圍的環境。

聆聽內在的聲音

在泰國「法身寺」曾經十幾萬人一起打坐，他們打坐時寧靜、和平的磁場，影響從上空飛過的飛機，讓飛機的儀表板無法運作，飛機只好改變航道，打坐的人也因此免受飛機噪音的影響，可見禪修的能量非常大。我們可以用打坐來聆聽內在的寂靜，讓和平的磁場帶動環境為世界帶來和平。這非關宗教，我們每個人都可以做！這是關於自心，普遍的存在奧妙。讓聆聽內在的寂靜，作為開啟身心靈的一個入門，這份靈靜詳和的磁場能量啊，能夠喚醒生命的活力，讓我們與世界重新和好，回歸真理的軌道。用心靈的和平、環

境的和平帶來世界和平。最近,我辦了一場萬人禪修,就在一個湖邊。真的是非常的enjoy!很棒的覺受!

我們每個人的心靈都是那麼的真,那麼的美,我們都應該好好的把握。接著,我們來談談,身心靈的修練與社會服務的關係。

人與人的關係。人與人的關係就是關懷。肯定愛與和平的終極關懷「己所不欲、勿施於人」的人道原則,也就是佛教「五戒」:不殺、不盜、不淫、不妄語、不飲酒。再來就是:己所欲施於人,己所欲施於人,這在佛教裡是什麼東西呢?就是「菩薩戒」。每一個人的心念都不可以傷害眾生,而且還要利益眾生。這不是只做一下就可以的!也不只是今生,是要生生世世。只要有機會做人,在有生命的時間裡,都要做利益眾生的事情。這就是第一個,人與人相處的原則。

人跟物的原則。靈性是一種儉樸的、自然的生活。對應人類因貪欲而造成的災難,我們應該回歸儉樸自然的靈性生活。改變縱欲的習氣,扭轉物化的價值觀,實踐地球災難的救贖!我想人跟物的關係就是一個和諧的關係,我們跟一切的事物都不需要對立。

人與自然的關係。人與自然的關係是循環的關係,讓我們形成一個良性循環的互動。人類不應該再以征服者的姿態粗暴的瓜分、壟斷自然資源。應該以孕育生命的母親來看待生養萬物的大自然。最重要的前提是不要再破壞共生系統,才能讓地球永續生存。我們的貪欲、貪婪帶給地球重重危機,我們要從起因下手。這個因,就是靈性復興,讓靈性復興從個人實踐開始,透過靈修、儉樸生活、社會服務等發展成社會運動,再擴大成為跨區域的一個和平教育,形成地球家的基因。如此,世界和平與地球永續才能實質的成為大家努力的目標。

和平教育,是生活、是互動,每一個人都需要一個非常和諧的生活。地球是一個時間與空間,太迅速的節奏轉變了時空,讓我們即因即果!一念之間可以造常很大的傷害、一念之間也可以救贖一切。心念是非常重要的,要轉換心念創造一個良善的循環。禪修教

育是一個非常重要的課題，我從出家到現在，已經快30年了，這段時間以來改變自我本身的就是禪修的功夫，禪定功夫讓我轉換了很多的不快樂、解開了很多的束縛、消除了很多內心的不滿。禪修是值得我們互相去體驗、瞭解的。

艾瑞克・傑弗洛依

如果我們想解決這個會議的主要議題，就必須面對很多宗教的核心概念，尤其是伊斯蘭教還有彌賽亞、救世主降臨的觀念。我敢提出這樣的說法，就是因為每次我拜訪一個伊斯蘭國家，我都會對這個觀念竟然如此根深蒂固而感到非常吃驚。伊斯蘭的先知用非常清楚的語句表示，世界末日就要來臨，往好的一面想這是一個循環的底部。這幾天會議中我們已經提到很多世界末日的跡象，快速、時間壓縮、過去幾十年間我們所經歷過的污染、喪失宗教和精神文化等等，這些在印度教的典籍中提到過的徵兆，很多都在伊斯蘭的經典和預言中有詳細的描述。

戰爭　是人類共同的夢魘

我會提出這點，是因為不管是回佛對談或其他對談，這種影響伊斯蘭世界的心理因素，一定要考慮進去。以前只有少數圈子會討論到這種天啟（Apocalyptic）的觀點，例如蘇菲教派。但現在麥加、麥地那等地，有越來越多人開始研究，當然911事件也有人以這個觀點來詮釋。就算有人將這些預言視為無稽之談，但伊拉克甚至敘利亞的事件，似乎都在預言之中，這就令人不得不懾服。不管相不相信，這對那些覺得遭受不公平待遇的伊斯蘭教徒，的確會有影響。最近幾起國際間的大事都和伊斯蘭世界有關，這更誇大了救世主降臨的想法。

此外，盎格魯薩克遜基督彌賽亞最近也正要興起，如果這兩者正面遭遇，真的會非常危險，這點我稍後會再討論。在伊斯蘭和其他

傳統中，似乎都認為我們這個世界正在衰敗沒落，還有辦法逃得出全球化這隻多頭怪獸的手掌心嗎？還是乾脆直接承認我們已到了盡頭？這是種負面、不健康的想法，但矛盾的是，這裡面似乎又隱藏著一些希望，似是而非的道理總是以「精神」呈現出來。

我們可以說這是個最美好的時代，這句話聽起來也許很膚淺，但卻很真實，因為表面和假象正在瓦解，偽善的態度和想法同時在家庭、社會、政府、甚至是高於政府的層級中受到挑戰。這些改變似乎發生的太快，所有事情進行的速度都越來越快，瓦解崩潰的也很快。我知道有些學者、蘇菲教徒，都說寧願活在我們這個時代，因為這個時代事實真相才會顯現出來。屏障的面紗都已紛紛落下，而這些勢不可擋的物質主義混亂、消費主義社會、不健康的文明，正是希望的起源。

我簡單地描述一下法國的情況，很多學者和蘇菲教徒都把希望寄託在歐洲，尤其是法國，因為這裡由俗人治國，對宗教有阻礙的力量。政教分離，宗教與精神也分離，所以我們在這裡又碰到了似是而非的情況。我猜經濟、政治、軍事的全球化，其實也有正面的影響。正如《古蘭經》裡有「神的把戲」（Divine tricking）神會運用祂在世上所創造出的任何現象，透過人類或其他力量不斷改變所有的狀況。「把戲」這個名詞聽起來有點負面，但實在找不到更恰當的字來翻譯《古蘭經》裡的阿拉伯文，阿拉伯文在這方面的語彙倒是比較豐富。

人類是神在地球上的代表，儘管人類的身分不同、有弱點、有缺陷、忘恩負義。這點在《古蘭經》裡記載的一清二楚。伊斯蘭注重的是，在教徒的社區裡，正義是否得到伸張，伊斯蘭教徒中即使最強調精神層面的那群人，對社區和世界的事務一樣關心。這種態度就和很多伊斯蘭教徒所持有的彌賽亞、末世論等概念有關。伊斯蘭世界在受苦，跟猶太人一樣，這是事實。伊斯蘭相信他們是受難者，但其實受苦的不只是他們，西藏人也是。我想指出的是，伊斯蘭世界對正義的理想性，可能會讓某些人誤解，以為伊斯蘭教就像

神的一把劍，這樣的想法等於是拒其他宗教於門外。

神的超越性是伊斯蘭的中心思想，神無所不在。因此神的表現方式就是《古蘭經》。雖然神的超越性有劍的形象，讓他看起來帶有侵略性，但這也完全表現出我們已經接近了一個週期的尾聲。而伊斯蘭就在此時出現，這是最後一個信徒廣泛的大教，自然有一個特殊的使命。在伊斯蘭世界內發生的事件，引起很多人的注意，但我認為這背後其實有個意義，就是伊斯蘭是神在世上的代理人。

當然，神在很多方面都很積極，有些事情揹負著清楚的歷史任務。我不敢斷言這些任務是好是壞，這是屬於神秘的範疇，但這又引出了另一個我無法回答的問題：哪個地點適合開戰？有所謂正義之戰嗎？我認為我們必須以形而上的角度切入，才能回答這個問題。有人類的地方就有戰爭，戰爭和人類共生，也許不應該將神聖與戰爭劃上等號，因為這樣做會有危險。但不論你喜不喜歡，戰爭都是人類經驗的一部分，我們一定要誠實且實際。印度教的經典《薄伽梵歌》開宗明義第一章就和戰爭有關。

我們實在需要喘口氣

我要談比較具體的問題，就是工作，我們一定都要工作。每個語言對「工作」這個詞的用法、定義都不同，但每個宗教、精神一定都有這樣的概念。在精神層次方面，我們要一起祈禱。在伊拉克戰爭開打前夕，全球一起動員來為世界和平而努力，這非常具有突破性的。我相信這不會是最後一次，我也相信我們現在已經超越了事情只分善惡的想法。我們一定要將禱告這個工作推廣到全世界。

我們都是人身肉做的是神的智慧結晶，我們生活在地球上就是要有事情做。伊斯蘭教和猶太教兩者之間的衝突，可上溯自十字軍東征時代。我曾在敘利亞住過三年，中古世紀時該地就曾遭受十字軍入侵，對於古老年代所發生的事情，人們到現在還耿耿於懷，在他們眼中，以色列就是現代的新十字軍。有鑑於此，佛教就比較受歡

迎，不論在西方世界或其他地方都一樣。大家都願意和佛教與印度教作交流溝通，一方面是能增廣見聞，一方面也是避免有心人神不知鬼不覺的扣我們大帽子。

從歷史的軌跡看來，伊斯蘭和猶太教的關係一直非常好。我對蘇菲教派有點研究，研究過程中我常常發現這兩教互動的關係。然而，現在受困於以色列和巴勒斯坦的政治衝突，內城的年輕人苦於不公平待遇，衝突當然永遠不可能停止。佛教就可以介入調停，打破僵局。我們實在需要喘口氣！

妮可

過去三天，講者的主題都環繞在精神復興和找出全球倫理以及透過宗教達到和平的目的。我來自美國，那裡大部分的人都是無神論者，並沒有什麼主要的宗教信仰。對很多美國人而言，宗教並不是生活中的大事，很多人甚至開玩笑的說，消費主義才是美國第一大教。我相信全世界無神論者和沒有特定宗教信仰的人也佔了很重要的比例。正如同我們所說，到處都需要改變，但美國無疑是最需要改變的地方。所以我的問題是，我們如何能讓那些認為自己沒有宗教信仰的人來參與這樣的對談，如何號召他們一起建立、找回全球倫理，如何對他們實施和平教育，成為更負責的地球公民？

麥克‧布魯克

聽您之言，我們都有點吃驚，因為我們總以為在別的地方難以實現的精神復興，都在美國實現了，不過你提出的問題非常有趣，因為不論在我的祖國，或是世界上很多地方甚至在印度，我注意到有個現象，就是年輕的一代，也許是我們的子女，甚至是子女的子女，都與傳統有隔閡，整個世代在成長的過程中，完全沒有受過宗教的洗禮。

和平教育　如何實踐

如何解決這個問題？大家也許都有不同的經驗，以我個人在德國和印度的經驗為例，每個人特別是年輕人，對生命都有一分渴望和希望。希望自己過有意義的生活，也想經歷一下歡樂。但這到底是什麼樣的感覺，光靠讀經是找不出答案的。要對他們傳道以我的經驗來講，必須先讓他們的心理能夠形成快樂和健康，然後再慢慢的引導至宗教的真實精神；這就是宗教探索。

現場提問

布魯克教授的說法最讓我覺得有興趣，他強調經驗的重要，和平教育不該只從理論方面下手，更要拓展宗教交流的教育，而不是在教室裡上歷史課，其他文化的情感、心理狀態等最好都要瞭解，這就得靠經驗累積。有可能發展跨傳統教育的共同經驗嗎？從基礎層面來說也許可行，從吐納練習、注意力、放鬆、安靜、開放、溝通、感覺運動等活動開始。我們可以組成協會、團體，專責設計這類不針對特定宗教傳統任何人都可學習的課程。各位覺得如何？你們已經朝這個方向開始努力了嗎？

麥克・布魯克

我可以舉兩個例子讓各位做個參考，這兩個小故事都是發生在去年12月的事……

我和學校裡的代表團到伊朗去參觀。伊朗是地球最美的地方，有著宏偉的清真寺和美麗的中央廣場。我們半夜才到，當晚月亮很圓，一群六、七個18到25歲間的年輕人聚在一起，就這麼唱起聖歌來。與我同行的同事都是校內不同科系、部門的人，他們的本性是質疑宗教和跟宗教有關的一切。但我們一接觸到眼前這深沈的和平與豐富的美感，每個人馬上就加入了這些年輕人的行列，一起唱起

聖歌來。德國教授非常喜愛在月圓之夜與伊斯蘭年輕人一起唱歌的感覺。這也就是大家一致企盼的畫面。

另一個故事的主角是拉塞爾（La Salle）神父，拉塞爾神父同時也是位非常有名望的德國禪師，他到日本學禪，後來成了一位禪學大師，他告訴我們一個故事。他說，有一天一位婦女來找他，婦女說道：「我沒辦法再禱告了，你能幫幫我嗎？」德柯漢只問了她一句：「你能跪下嗎？」這位婦女回去之後，就從跪下開始練習。所有的宗教都有凝聚身體能量的姿勢，伊斯蘭教、佛教、基督教都有。我們都擁有同樣的身體，如果能透過非常清楚、透明甚至簡單的姿勢，瞭解自己的身體、訓練呼吸我們的心就會安定下來。

釋心道

在台灣我們舉辦「親子禪」，因為父母親平時太忙碌和小孩子相處的時間很少，所以我們以舉辦禪修的方式，讓父母和子女能夠在一起坐禪。坐禪不是那麼辛苦，就是放鬆。精神要放鬆、身體也要放鬆，我們有法師和老師會帶動作。

以我們舉辦禪修活動的經驗告訴我們，企業家們很喜歡這樣的活動，就連學校也都期待這種方式的活動。禪修，是被普遍接受的和平教育，從內心的和平開始，真的是比較容易做到。剛才有位提問者問到，如何帶動年輕人去信仰宗教，我想還是由活動去接引，禪修就是一種讓內心平安寧靜的活動。年輕人喜歡參加多元化的活動，所以我們會在舉辦禪修活動時加入一些元素，文化的、藝術的與音樂，加強對年輕人的吸引力與好奇心，讓年輕人主動的、歡樂的去學習。

麥克・布魯克

「神」是和概念有關的問題，我們已經將兩者分開了。我們的概念從何而來？就從我們成長的過程中一點一滴累積而來。大家可以看到，所有主要的文化傳統，猶太教、基督教、伊斯蘭教、佛教等

應該都是會用這種方式回答。「神」不是我們伸手可及、可以想像或者自己就可以進入的那個階段，而是我們先要開放自己。正如我之前所說，真相並不在我們手上，阿拉伯文裡有個很有趣的事情是，真相和真理是同一個字，梵文也如此。

所以，神、真相、真理中包含了我們的存在，不是我們擁有真相和真理。我們的工作就是開放自己的心胸，正如你所說，第一件事就是要消滅偶像。偶像並不是那些我們用木材、黃金做成擺在桌上的東西，而是我們內心的觀念。其實這兩者差別很大，只是我們通常沒有注意到罷了。我想所有的宗教都會要人們注意內心裡的偶像，這是落實和平教育的第一步。

瑪利亞・哈比托

我的問題很簡單，只是想知道禱告的方法，以及佛教和伊斯蘭教和神的關係如何？不同的文化傳統如何看待與教育人與神的關係？

麥克・布魯克

這個問題從佛教、伊斯蘭教或其他的觀點來看，只能說層次不同。例如在斯里蘭卡與泰國的佛教徒，他們對神是有個概念的，但等心靈成熟了之後，你才會瞭解你是向什麼祝禱。心中或實體的形象都不是，無所不在的真相才是應該存在的。雖然佛教徒不喜歡討論神，但民間信仰的鬼神之說非常盛行。佛教徒不避諱談論神，因為佛教徒是無神論者，這也是達摩祖師從一開始就教導的──我們可以禱告的神就是我們的內心。就是將自己放空，拋去所有的思考和想法，就能看見真理。

釋心道

就以我們最神聖、淨化的心靈來定義，當我們有了一顆淨化的心，就和上帝有了關聯，聖潔的心和真主有關聯、聖潔的心和佛有關聯，有了聖潔的心靈就是找到了自己本來的面目，而本來的面目就是一顆純淨的心靈。

UN 和平使者

　　宗教精神的議題有個問題，就是我們討論的方式過於空泛。如果要教導和平，必須將身體視為一座有生命、有人煙的寺廟。我是個舞者，幾年來我的舞蹈都以和平為主題。我到過戰時的塞拉耶佛想帶給當地人民一些歡樂。舞蹈於我是表現當下的感覺，如果我們能幫助孩童感覺他們體內的那塊寶藏，瞭解到除了打仗還可以用不同的方式表現內在的這股生命力，那麼就是在幫助他們發現精神，同時也教給他們和平的概念。很高興我有機會讓很多兒童有那樣的感覺。孩子們也許會接受到各種型態的宗教教育，但只要他們感受到這股光就夠了。

　　最後我想說的是身為UN和平使者，我為大家帶來UN的訊息：「和平的堡壘，一定要建立在人心之上。」只要能滋養出內在生命與和平，不論什麼方式應該都是好的，冥思、欣賞、凝視風景，都可以達到這個目標。

現場提問

　　我有個問題，就是「賠償」的問題。我想瞭解一下，伊斯蘭和佛教對賠償的看法如何？和平教育與賠償無關嗎？我知道這個觀念也許顯得有些過時，但罪惡感需要釋放。這個現象在某些國家有點影響，尤其是那些前人犯下了一些罪惡或暴行的國家。我們看到他們被迫採取賠償的行為。這是戰後和平時期所興起的，這種補償的觀念也有精神層面的意義，因為這也是重建世界的和平行動。這種觀念在佛教和伊斯蘭教中存在嗎？各位認為這對和平教育有影響嗎？

麥克·布魯克

　　這是個非常感人的問題，在美國猶太教和佛教的對話中，已經提到了這個問題。當然我們無法在這裡詳述當時的情形，但我想提出一點，也許能幫助大家更深入思考。

防止暴力是每個人的責任

　　防止暴力是每個人都應該負起的責任，個人要對自己負責，不只是對行為負責，也要對自己的想法負責，以及我們培養思考的方式負責。另一方面，因為我們互相依賴，所以我們的思考、行動其實影響的不只是我們自己，也影響了整個因果輪迴。不只是我們這一代的人，世世代代的子孫也會受我們的影響，就如同我們自己便受到父母甚至祖父母的影響。

　　以我自己為例我是德國人，我對自己和前輩的關係非常清楚。我生於1949年，當時二次世界大戰已經結束，但仍然可以感受到戰爭帶來的陰影。在我看來，個人的責任應該是要盡一切努力，找出德國和其他地方所經歷過的這些殘酷的暴行的根源，防止這些衝突暴力再度發生。我認為德國很多人都有這種感覺，至少在我這一代是如此。這也是何以德國人，對真正以精神對抗暴力這麼有興趣的一個原因。不只是對抗街頭的暴力，更是對抗心靈上的暴力。我認為這兩者間有個關聯，我們必須分清楚這兩個層次，然後用一種非常寬廣、有遠見的精神自省。結合這兩者，應該能刺激我們，不讓我們退縮，讓我們更有動力解決我們這幾天一直在討論的問題。

阿隆・葛斯坦

　　今天下午的對話，非常能反映今早以及更早以前的對談內容，不只回佛兩教之間的差異，還有兩教架構最後還談到了教育方式。我認為我們的對談中，已經出現了一些嚴肅的議題，而在此我想將這些議題詳加說明，大家一起來進一步思考。

　　我們是否假設人性中有共同點，必須去耕耘，另外再給差異性一點點空間？或者，我們是否要依據傳統來實施教育，發揮我們本來就有為別人留點空間的傳統？這裡面有一個非常大的哲學差異存在。所以我認為這是我的責任，必須好好探討這點，而且很快就會有結果。

簡單的模式是，我們第一位講者所提，我們首先要教給人們那些共同點。我們都是人類，當然就有共同的地方，在某個範圍下，慕尼黑的教育系統就開始進行這樣的教育。但宗教眞正的挑戰是在於，他們不只是要找出一種核心的、共同的人性，還要找出教育的範圍，不是在中立的狀況下找，而是在他們自己的傳統環境下創造出這些資源，所以重要的是要承認在不同的社會裡，和平教育就會面臨不同的挑戰。

多元社會受到俗世政權的影響，而傳統社會的挑戰則是，必須要用不同的方法追求相同的目標。宗教交流對談大部分都是在政教分離的地方舉辦，例如德國、歐洲、法國等地。世界上其他地區人民的想法和這裡的人不同，心理狀態也不同，所以需要用不同的教育模式，而那些模式必須是自發性的，不需要有什麼共同的人性基礎。我們必須注意這點。

有一種方式能夠同時接近、結合外在的社會教育和內在的靈性教育，但這要回到我們的開場。有些人昨天看到我放的那部影片，一開場就是哈佛神學院海得瑞克·卡克斯（Hedrick Cox）教授的問題：「請你自問，你是誰？」抱歉，應該是：「我是誰？」再自問一次：「我是誰？」好好再問一次：「我是誰？」問問自己宗教對你的答案影響有多大？或是完全沒有影響？身分認同是教育非常重要的因素，我不認爲我們可以忽略身分認同的議題，而進行和平教育。事實上過去這幾天來浮現的一個議題就是全球化的影響，特別是身分認同的問題，全球化後續的影響力非常大，不管要實施什麼樣的和平教育，都必須在全世界都適用的原則下進行，而這些原則又必須在特有的文化情境裡也適用。

開場時瓦希德總統提到，宗教與文化已然成爲引爆衝突的導火線。絕對不可以只看那些抽象的問題，因爲如果只從精神層面來看，就會遺漏了特殊社區的身分這個部分。因此，爲了要找出身分，我們必須考慮到特殊社區身分的教育。因爲身分的一個層面就是「我是誰？我和社會的聯繫是什麼？我的歷史、記憶、我的根源

在那裡？」眞正的我是什麼樣子？身分形而上的根源也是必須考慮的事情。麥可說的那種練習就是冥想的幫助，很奇怪的是這在俗世社會比傳統宗教環境中還有用，這就成爲一個很大的挑戰。

我永遠不可能拋下一起奮鬥的同胞，要求這些傳統的伊斯蘭教徒、猶太教徒、基督徒拋下他們的傳統。因爲一旦脫離傳統，人們就會變得更有實驗性，可以從各方面獲得利益，整個環境，就變得很像一個超級市場。我不是說大家都做錯事了，而是說我們必須發展出教育的理論和方法，可以適合用來豐富、增加同胞和文化的需要。在這些不同文化需要中找到社會層面和內在冥想的平衡點。

我的工作內容在場很多人都知道，其中包括宗教交流教育，而這個工作的最終目的，就是制定和平協議，還有和我的同胞一起做些記憶身分的工作，也就是冥想回憶自己的身分。回到正題我認爲有幾個重點。

美麗的重要性。有一次在一個對談中，我已經記不得是那一次了，在當時就是出現音樂。運用美感來消除仇恨暴戾，這點剛才有人指出美麗優質的事物可以改變我們的既有的印象。傳統之美、培養審美觀的品質，都可以是教育最根本的成分。

其次，我看到的是我們的教育在某些方面做了不少努力，神秘主義提供了我們一個共同的範圍，神秘經驗也是教育體系的基礎，打破了我們的差異。如果我們可以將神秘主義現狀研究的情形併入教育經驗，我們就可以忠於我們的歷史身分並搭起一座橋樑。藉著整合神秘主義的研究，即使還不是完整的神秘主義的實踐方式，我們還是可以找出一個方法讓神秘主義成爲我們教育的一部分。

最後一點，我想提議共同發展一套計劃，成爲台灣、慕尼黑與以利亞的大學擁有共同科目的計劃。目前大家所提出的建議都是要如何教歷史、如何實施教育、如何追尋精神層面的圓滿等，這

些當然都很重要，但我認為最有用的就是發展一個計劃，研究不同傳統中對道德倫理的不同看法，這也是我們過去幾天中所討論出最重要的問題所在。過去這幾天我們實際上已經找出幾個當前全球問題所在，再來就是要找出一個共同的教育基礎。

透過整合世界、透過政府機構以及運用權力，這是宗教傳統的智慧。我們這個世界現在最缺乏的就是智慧。我們在實施和平教育方面，如果所有宗教都能透過一個共同的教育課程找出核心價值，那就有一個特殊的內容可以放進和平教育的課程。

閉幕典禮

蘿莎・葛瑞歐

這三天下來，想必大家一定都滿載而歸，可惜這場對談已接近尾聲，我們也不得不在此劃下句點。我們要感謝其他合作夥伴的協助，首先是心道法師和世界宗教博物館的全體工作人員，以及非政府組織「愛與和平地球家」的協助。聯合國教科文組織的團隊雖小，但很合作，非常積極有創意。推動文化交流活動多年的經驗告訴我們，儘管工具有限，但我們的付出的確改變了這個世界黑暗的一面，即使這只是一點點改變。

只要有付出　就會有改變

我應該要為這豐富精采的三天做個總結，第一天我們來到「道路和路邊」這個意象，我個人非常喜歡。教科文組織對道路這個概念特別有感覺，因為我們所有的文化交流計劃幾幾乎都包含了道路的概念，例如絲路就是伊斯蘭教和佛教交會、互動的道路。我們遠征這個地方五次，其中一次就是「佛教之路」，所以佛教並不是第一次成為我們會議的中心主題。宗教交流活動早在西元1995年時，就由摩洛哥和其他會員國，以「信仰之道」為名召開。說到「道路」

不禁讓人聯想到交會、穿越、交流、互動。我對信仰的看法似乎跟大多數人不太一樣。我們常常會說到一些艱難的國際情勢問題、讓我們擔心、沮喪、甚至是震驚的事件，各位知道我從媒體上看到這些消息後，有什麼感覺嗎？我得承認，我會懷疑自己的行動、策劃的活動，到底有沒有用？各位或許也有同感，但是我每天還是不斷告訴自己，無論如何，相信人類一定會朝好的方向走。推廣交流對談，就是要和那些和我們意見相左的人溝通。

教科文組織在很多地方都舉辦過會議、文化、宗教交流活動，實際上很多議題與會者都已達成共識。我認為我們應該要更積極，試著將那些還在旁邊觀望的、尚未被說服的、用暴力手段強迫他人接受的，都找來，大家一起坐下來，好好溝通。我們必須嚴肅的討論如何改變我們的舉止和態度、對別人的看法。我們在會議開場時就曾提過，對談的倫理是教科文組織活動的核心概念。這種倫理不只是容忍，讓別人從我們的旁邊走過而不去搭理他們。

瞭解到我們的宗教、倫理、人性價值都非常接近，這點非常重要。一定要跟全世界宣示，宗教和精神傳統拒絕接受有心人士的操縱、利用，產生野蠻、暴力的行為。要如何進行對談呢？我們這幾天常常提到全球化，但都多少帶點負面批評的味道。在宗教的領域下，非政府組織和團體漸漸都是以跨國合作的方式出現。我認為我們應該鼓勵這種發展，高層的決策常常是沒用的，就像我們教科文組織的決策，碰到地方性的問題常常無法執行，因為那些辦法不適合當地的真實情況與村民的心理狀態。

然而，教科文組織還是有用的，相信很多人都已經瞭解，這裡就像一把保護傘，一個中立的討論場所。有理想、有善意的人都可以在這裡自由表達在自己國家無法發表的意見。與會者有很多人討論到關係的重要性，這些關係未來也許能進一步發展成一個網絡，這也正是我們主要的目的，也是教科文組織的希望：發揮出合作的綜合效果，以便更具體的合作。我們文化與宗教交流對談的研究教學中心，正漸漸形成一個網絡。在場有位我們耶路撒冷中心來的代

表，他也是該中心的一位協調者。我確定這樣的網絡未來在宗教和精神的領域方面，一定能大大解決有些人妙稱為「雙向瞭解文盲」的問題。這種「文盲」阻礙了溝通，讓我們無法探索我們共同的歷史和知識，少了這些我們無法展望未來。

　　與每個人都有關的教育，是我們宗教交流對談的核心概念。宗教的知識、精神傳統以及歷史背景，是瞭解自己和其他的文明與傳統的關鍵。此外，這樣的知識又讓我們完全體認到，所有文明都是多元性的，都是長時間互相交流與影響下的產物。如果我們仔細看看歷史，會很清楚的發現文化和宗教對彼此的影響。我們一定要聯合起來，保護我們共同的文化遺產，不應該讓任何特定信仰摧毀這些遺產。這些是我們共同的寶物，就是我們的記憶，掠奪或摧毀這些寶物，就是掠奪、摧毀我們共同與最深處的記憶。

　　在會議期間我們也多次談到價值的問題。價值觀是普遍皆然或者只屬於特定文化？價值觀有高下之分嗎？俗世主義不應只是一種意識形態，而是要建立讓所有信仰可以共存且良性互動的方式。有講者用「馬賽克」這個詞描述我們現在這個複雜、多樣、發展快速的人類文明，實在是再貼切也不過了。我甚至相信我們基本上都是揉合各種文化的生命體。因為全球化的影響，一個人的身分即具有多重層面。但我們不應該忘記全球化這個近來才出現的名詞，其實早就已經存在，歷史上早就有全球化這個過程，不同的是全球化的速度。現在，改變就在瞬間。

　　與會者也有人指出，我們缺少距離來欣賞我們居住的環境。這也許能夠解釋，為何這些新潮流總是讓我們感到焦慮。婦女也有很重要的角色要扮演，女性也許沒有出現在鎂光燈下，但一定不會缺席，我甚至可以這樣說，她們和年輕人攜手合作推動改革，帶來希望。我想以希望作為我的結論，因為正如一位講者所提，希望這個字三天來很少人提到。這種擔心能幫助我們克服危機，創造一個共同的未來。

釋心道

　　願我們一切受苦、受難的人們，都能夠離苦、都能夠得樂；願我們的願望都能夠達成，一切罪惡消弭、一切痛苦消弭，三寶加披！感謝所有愛護地球的人們，謝謝大家！

　　這次回佛對談主要的目的，是希望能夠打開和平之門，在籌建世界宗教博物館之初，我對各宗教都非常陌生的。我從不斷的去拜訪、不斷的去接觸當中和大家做朋友。建館初期我們首先拜訪了天主教，天主教的好朋友馬神父，帶領著我們到他熟悉的各處去拜訪。在這個過程中我學習到的是該如何做，才能成為一個好的宗教交流學習者。今天我能夠面對大家，把心裡面的感覺、交流的可貴、和平的釋放與大家分享，這不是偶然的。

　　在南非的一個宗教會議裡，我並不認識與會人，可是，我謙卑的和每一個人握手、遞名片、發博物館的DM，我是這樣子不斷的去介紹我們的博物館。美好的事情就這樣發生了，我被接受了！接著我們互相接受。我是用這樣的方式打開了宗教與宗教之間的大門，直到我把博物館蓋好。我的經驗是只要張開雙手去擁抱，我們就會成為好朋友。

　　回佛對談，可以解開媒體對宗教的誤解，佛教與伊斯蘭的對話，就是讓大家知道我們是愛好和平的、充滿愛心的。這麼多次對談的結果，我們找到了關心，不再劃地自限，愛與和平是全人類整體的運動。地球是母親，宗教是父親，我們必須全心結合共同來關心地球的和諧與安定。沒有一個神、一個佛、一個真主是不讓我們做這些事情的！我們必須靠這份力量、這份愛心、這份勇氣去推動、去關心，現在最重要的就是繼續合作、繼續努力。把愛心打開，把和平教育做好，我們每個人都有責任。如果我們有緣，明年我們在這裡，再來一場對談，看看我們在這一年裡做了些什麼、改變了些什麼，非常感謝各位的聆聽、感謝各位的辛苦、感謝大家的這份的善緣，謝謝！

　　　　（全文摘錄整理於2003年5月7日 法國巴黎 聯合國教科文組織總部 「回佛對談」）

```
┌─────────────────────────────────────────────┐
│         國家圖書館出版品預行編目資料            │
│                                               │
│   聆聽：國際回佛對談紀實／釋了意主編            │
│   -初版.-臺北市：世界宗教博物館基金會出版：     │
│       2003〔民92〕面； 公分.                   │
│              --(經典對話系列6)                 │
│           ISBN 957-28692-7-2（軟皮精裝）       │
│              1.宗教 - 論文，講詞等              │
│   207                              92022574   │
└─────────────────────────────────────────────┘
```

特別感謝

梵文提供：佛光大學宗教研究所佛教研究中心副主任　林光明教授

阿拉伯文提供：中國回教協會秘書　馬德威先生

經典對話系列　6

聆聽——國際回佛對談紀實

發 行 人 / 釋了意

總 顧 問 / 羅智成

主　　編 / 釋了意

責任編輯 / 林畀蕙

封面設計・美編 / 林世鵬・葉斯淳

法律顧問 / 永然聯合法律事務所

出 版 者 / 財團法人世界宗教博物館發展基金會附設出版社

地　　址 / 234 台北縣永和市保生路2號21樓

電　　話 / (02)2232-1008

傳　　真 / (02)2232-1010

統一編號 / 78358877

網　　址 / books@ljm.org.tw

郵政劃撥帳戶 / 財團法人世界宗教博物館發展基金會附設出版社

郵政劃撥帳號 / 18871894

印　　刷 / 豐華印刷整合有限公司

電　　話 / (02)2246-2192

總 經 銷 / 農學股份有限公司

電　　話 / (02)2917-8022

版權所有・翻印必究

初版一刷 / 2004年7月

定　　價 / 250　ISBN 957-28692-7-2（軟皮精裝）